Käthe Miethe
Die Herrgottsuhr

KÄTHE MIETHE

Die Herrgottsuhr

ergänzt durch Arbeiten Käthe Miethes im Feuilleton deutscher Zeitungen

Herausgegeben von
Helmut Seibt

THOMAS HELMS VERLAG

Inhalt

	Geleitwort	7
	Die Herrgottsuhr	9
	Handelnde Personen	11
I.	Die Fahnenstange auf dem Falkschen Hof	13
II.	Die Schwestern Ahrens und Annemieke	20
III.	Almas großer Wunsch	24
IV.	Daniel Roses Gedanken	30
V.	Hausputz bei Peter Appelboom	33
VI.	Toennies und sein Vater	40
VII.	»Hand- un Spanndeinst bien Weg«	46
VIII.	Ortwins Geigenspiel	50
IX.	Der große Brand	54
X.	Daniel Rose und die Herrgottsuhr	62
XI.	Almas Sorgen	67
XII.	Annemieke und Ortwin auf dem Haff	71
XIII.	Daniel Roses Schifferorgel	74
XIV.	Ein Angebot für den Winter	78
XV.	Alle haben irgend ein Ziel	82
XVI.	Besuch im Hasenkaten	85
XVII.	Die Scheideglocke und der Folgenzug	90
XVIII.	Alma als künftige Bäuerin	95
XIX.	Reisevorbereitungen	98
XX.	Eine Enttäuschung	102
XXI.	Zwei verschiedene Pläne	105
XXII.	Endlich, ein Gespräch	111
XXIII.	Laternenumzug im Herbst	117

**Arbeiten Käthe Miethes
im Feuilleton deutscher Zeitungen** — 119
Der erste Tag — 121
Erwartung des Sommers — 122
Eigenes Haus — 123
Das Strohdach brennt! — 127
Bootsphantasien — 129
Um einen hölzernen Kranz — 132
Häusler, Büdner, Bauersmann — 134
Hausnachbarn — 138
Unsere kleine Gemeinde — 141

Biographische Angaben zu Käthe Miethe — 145

Anhang — 149
Lieder — 150
Die Kinder- und Jugendbücher Käthe Miethes — 156
Literatur — 158
Bildquellen — 158

Nachwort des Herausgebers — 159
Der Herausgeber — 163

Impressum — 164

Geleitwort

Liebe Leserin, lieber Leser,

Sie wissen nicht, was eine Herrgottsuhr ist? Kein Problem, lesen Sie diese Geschichte und Sie erfahren nicht nur darüber etwas, sondern auch über das Leben der Fischer, Seeleute und deren Familien auf dem Fischland im ersten Drittel des 20. Jahrhunderts, über Sommergäste und den Zusammenhalt auf dem Land. Einfach, liebevoll und doch spannend erzählt, mit großer Hingabe zum Detail und teilweise in einer Sprache, die wir heute nicht mehr benutzen. Oder würden Sie zu Ihrem Bürgermeister Schulze sagen? Gut, dass sich auch viele plattdeutsche Passagen finden lassen.

Autorin Käthe Miethe war keine Fischländerin. Sie blieb immer eine Isenbahnerin, eine Zugezogene aus Berlin. Aber sie ist auf dem Fischland akzeptiert worden und war bekannt wie ein bunter Hund. Bei den Einheimischen sowieso. Man traf sie in Kneipen, wo sie immer dabei war, den Seefahrern ihre Geschichten von Fern- und Heimweh, von tosender See und großen Abenteuern zu entlocken. Als Bibliothekarin entdeckte sie früh ihre Leidenschaft fürs Schreiben, arbeitete als Journalistin, übersetzte Kinderbücher aus nordischen Sprachen und schrieb schließlich selber rund zwanzig Jungmädchenbücher. Die meisten Geschichten spielen auf dem Fischland. Auch viele Urlauber fragen direkt nach ihr und der kleinen Büdnerei, die der Vater 1916 für sie kaufte. In diesem Jahr wird ihr 125. Geburtstag gefeiert. Schön, dass zu diesem Jubiläum dieses Buch als eine erweiterte Neuauflage und damit als eine Erinnerung an die beliebte Fischlandchronistin entstanden ist.

Um Geschichte zu verstehen, brauchen wir Geschichten, kleine und große, vermeintlich unwichtige und die anderen auch, über Menschen, Ereignisse, Entwicklungen. Sie sind Teil unseres Lebens, identitätsstiftend und kulturelles Erbe zugleich, zeichnen ein Bild der Vergangenheit, das uns für die Gegenwart und für die Zukunft lehrreich ist. Es gibt viele Menschen in Vorpommern, im ganzen Land die sich mit großem Engagement für dieses Erbe einsetzen und es bewahren. Gleich, ob es sich um Literatur, Malerei, Bildhauerei oder die Fotografie handelt. Ohne diese Akteure wäre unsere kulturelle Landschaft nicht so reich und vielfältig. Dafür gebührt jeder und jedem Einzelnen große Anerkennung und Dank.

Besonders danke ich dem Herausgeber der »Herrgottsuhr« Dr. Helmut Seibt und seiner ebenso engagierten Frau Gisela. Sie haben mit Leidenschaft und Hartnäckigkeit dafür gesorgt, dass dieses Buch erscheinen konnte. Gern haben wir das Projekt aus dem Vorpommern-Fonds unterstützt. Diese Förderung verbinden wir mit der Bitte: Machen Sie so weiter! Ich wünsche allen viel Spaß beim Lesen und gute Unterhaltung.

Herzlichst
Ihr Patrick Dahlemann
Parlamentarischer Staatssekretär für Vorpommern
des Landes Mecklenburg-Vorpommern

Schwerin, Sommer 2018

Die Herrgottsuhr

Handelnde Personen

Falk, Klaas	Bauer
	Ehefrau
Alma	Tochter
Klaas, »de lütte Buer«	erstgeborener Sohn
Ohlerich	Fischer
Toennies	Sohn, Fischer beim Vater
Langhinrichs	ehemaliger Kapitän
Hinrich	Enkelsohn
Rose, Daniel	Schuster
Martha	Ehefrau
Appelboom, Peter	Gemeindediener
Ahrens, Anna	Schneiderin
Ahrens, Clara	Schneiderin
Annemieke	Kapitänstochter, Nichte der Tanten Anna und Clara
Dr. Krüger	Arzt, Sommergast
	Ehefrau
Ortwin	Sohn, Gymnasiast
Waterstraat, Fieken	Kräuterfrau

I.
Die Fahnenstange auf dem Falkschen Hof

Die grüne Haustür, auf der in hellem Schnitzwerk die Buchstaben P und A zu lesen waren, wurde geöffnet. Der alte Peter Appelboom trat heraus. Er blickte aber nicht, wie es sonst jeden Morgen seine Art war, nach dem Himmel, dessen federleichte, durchscheinende Wolken nach Westen wanderten.

Er blickte auch nicht nach der Windfahne zwischen den gekreuzten Pferdeköpfen.[1] Er schaute über die Gärten und über die Wiese hinweg

Im Hintergrund die Hufe mit der Fahnenstange

zu der hohen Fahnenstange, die sich auf Falks Gehöft erhob, und schob seine Mütze aus der kahlen Stirn zurück, als ließe sich dann besser sehen. Kopfschüttelnd kehrte er langsam in die dunkle Diele zurück.

Gleich darauf lief aus dem benachbarten Katen, dessen zwei verrußte Schornsteine den Rauch vom Kaffeefeuer in die Morgenluft schickten, ein langbeiniges Mädel im roten Kleid mit blauer Schürze und blauem

---

[1] An der Spitze des Giebels eines Rohrdachhauses angebrachte Verlängerung der Windbretter, in Form von ausgesägten Pferdeköpfen.

Kopftuch über den Zöpfen heraus, um ebenfalls nach der Fahnenstange auszuschauen. Das war Schneiderinnens Annemieke.

Sie sprang ohne Aufenthalt durch den Krautgarten und die anschließende Pforte, den breiten Weg mit den grünenden Stachelbeerbäumchen entlang, der zu Appelbooms Haus führte. Dieses Haus hätte eigentlich seit Jahren schon das Krügersche Haus heißen müssen. Doch der alte Name war noch an der Tür zu finden, und auf dem Altenteil[2] konnte man lange leben, wenn man von größeren Sorgen verschont blieb. So wurde der breite Rohrdachkaten[3] auch weiterhin Appelbooms Haus genannt.

Nach langem Frühlingsregen war der erste, blanke Morgen aufgestiegen. Ein Tag, wie geschaffen, um endlich die Betten zu sonnen. Appelboom, der in der Küche sein Frühstück aß, stimmte Annemieke zu und stand gleich auf, um mit ihr an die Bettentruhe in der Diele zu gehen. Dann wurde im Garten die Leine von Wäschepfahl zu Wäschepfahl gespannt. Annemieke trug bereits die Betten hinaus, die schönen grau und rot gestreiften Unterbetten und die drei Wolldecken dazu, die noch köstlicher waren. Man mußte sie immer wieder ein wenig glattstreichen, wenn sie über die Leine geschlagen waren, weil sie sich so weich anfühlten. Die mit den braunen und grünen Kanten gehörten dem Doktor Krüger und seiner Frau. Die mit den blauen und dem Tintenfleck war Ortwins Decke, der auch in diesem Sommer die Ferien bei seinen Verwandten verbringen sollte. Der Tintenfleck war nicht herausgegangen, wie viel Tante Anna und Tante Clara sich auch mit Zitronensaft und Kleesalz darum bemüht hatten. Besser ein Fleck als ein Loch, hatten die Tanten schließlich betrübt gemeint und gemeinsam die Decke wieder zu Appelboom getragen.

---

[2] Es war auf dem Fischland üblich, wenn die Eltern ihr Grundstück mit Haus z. B. aus Altersgründen nicht mehr bewirtschaften konnten oder wollten, dass diese bei der Übergabe ihres Besitzes an die Kinder notariell ein sogenanntes »Altenteil« vereinbarten. Das Altenteil beinhaltete die Regelung der Wohnung, der Beköstigung, der altersgerechten Pflege, der Beerdigung und eventuell auch die regelmäßige Zahlung eines Taschengeldes. Als Sicherheit musste der neue Eigentümer eine den Verhältnissen angepasste Hypothek auf das Grundstück eintragen lassen. Der Umfang des Altenteils wurde den wirtschaftlichen Verhältnissen angepasst. Bei einen Bauern konnte ein separates kleines Haus dazugehören, bei sehr armen Büdnern war es oft auch nur »… das Bett in der Kammer, links von der Tür …«.

[3] Rohrgedecktes Haus der ärmeren Bevölkerung, sehr häufig als Doppelhaus für zwei Familien errichtet.

Peter Appelboom richtete die Stützen steiler auf, aber er war mit seinen Gedanken nicht ganz dabei. Wieder mußte die Mütze in die haarlose Stirn wandern, wo über der Wetterbräune die helle Stubenfarbe der Kopfhaut begann. War wirklich am Flaggenmast noch nichts zu sehen? Appelboom stand mit beiden Händen über den wasserhellen, tränenden Augen, aber auch damit wurde nichts bewirkt.

Schon in später Abendstunde war Bauer Falk mit beiden Pferden ins Nachbardorf gefahren, um die Wehmutter[4] zu holen. Nun war es heller Tag. Vielleicht hatte Alma nur vergessen, die Flagge zu hissen, die den sehnsüchtig erwarteten kleinen Klaas ankünden und begrüßen sollte. Denn daß der »lütte Buer« Klaas heißen sollte, wie der Vater, war im ganzen Dorf bekannt. Darüber wäre auch niemand im Zweifel gewesen; denn auf dem Hof hatte seit Menschengedenken der erstgeborene Falk den Namen Klaas getragen. Und es sollte der Erstgeborene werden, trotz der großen Alma, die schon das zweite Jahr nicht mehr in die Schule ging.

Aber Annemieke wußte es besser als Appelboom: Alma vergaß die Fahne nicht. Alma vergaß niemals etwas, was sie sich vorgenommen hatte. Sie war in allem die Zuverlässigkeit selbst.

Annemieke ging langsam durch den Krügerschen Garten zurück und schaute dabei nach den Stauden, wieviel sie wohl durch den Frühlingsregen gewachsen waren.

Inzwischen war auch Kapitän Langhinrichs aus seiner Hoftür getreten und hatte zu Falks hinübergeblickt. Gleich darauf mußte er die Beine in schnelle Bewegung setzen, um seinen Enkel Hinrich am Jackenzipfel zu packen, der auf dem Wege zu Alma und ihrem Hühnerstall war. Die kleine unruhige Jungenhand fest in die derbe, rote Seemannsfaust geschlossen, brachte Langhinrichs den Jungen zum Rohrgürtel am Haff[5] und lud ihn kurzerhand in der Jolle ab, die noch an Land lag und auf den neuen Anstrich wartete.

Die Jolle war für Hinrich wie eine Kinderfrau. War er erst dort gelandet, brauchte ihn keiner mehr zu hüten, denn die Riemen und Dollen lagen im Boot, auch das Ölfaß dazu. Man konnte rudern und lenzen und hatte damit alle Hände voll zu tun.

---

[4] Die Hebamme.
[5] Der Saaler Bodden.

Vorderseite einer von Käthe Miethe versandten Postkarte

Sogar Toennies Ohlerich besaß in solchen Stunden für Hinrich keine Anziehungskraft. Toennies stand laut pfeifend mit seiner blinkenden Mütze nicht weit von der Jolle auf der Wiese und teerte das ausgespannte Schleppnetz.[6] Toennies hatte bereits zu pfeifen begonnen, als Annemieke zu Appelboom lief. Er pfiff noch immer mit hartgespitztem Mund, als würde er dafür bezahlt. Er pfiff falsch, aber das störte ihn nicht. Er teerte die ungezählten Maschen des Netzes und war Fischer bei seinem Vater und damit fast schon ein erwachsener Mann.

Ihm schaute aber kein anderer bei der Arbeit zu, als Annemiekes Tanten Anna und Clara Ahrens, die am Küchenfenster beharrlich ihren Wachtposten hielten und sich nicht aus der Küche zu rühren wagten, obwohl der Mantel des Schulzen gewendet werden mußte, auch der alte Appelboom kaum länger die Joppe entbehren konnte, die für ihn aus der abgelegten Lodenpelerine des Doktor Krüger zugeschnitten werden sollte. »Ich kann ja hier warten«, meinte Anna und strich die Schürze über dem schwarzen Kleid glatt und ließ dann die Hände wie am Sonntag darüber ruhen.

»Ich kann ja hier warten«, meinte Clara und schob die Küchengardine weiter zurück. Dann waren sie sich wie immer, einig, daß es an besten sei, die Ungeduld gemeinsam zu tragen.

Unter dem gleichen Dach mit den Schwestern Ahrens, Wand an Wand, saß Schuster Rose in seiner Werkstatt, an diesem Morgen genau so, wie jeden anderen Tag, von früh bis spät, die Augen fest auf die Arbeit geheftet. Die Maisonne blitzte wie ein blendender Funke in seiner Kugel und warf einen scharfen Strahl auf den hellen Flicken der durchgewetzten Kindersohle, in den ein Stift nach dem anderen gejagt wurde. Rundum standen die Borde, die von der Erde bis zur niedrigen Decke reichten und über und über mit Schuhwerk gefüllt waren: Kremstiefel,[7] Lederpantoffeln, Arbeitsstiefel, ausgetretene Frauenschuhe und Kindersandalen. Meist waren es Einzelstücke, die neben- und übereinander lagen: ein wahres Labyrinth von Schuhen.

---

[6] Das Fanggeschirr der Zeesenfischer, die Zeese. Eine Zeese wird nur von einem (Segel-)Boot gezogen. Dieses treibt dazu unter Segel quer zum Wind und hat zwei Bäume, die jeweils über den Bug bzw. das Heck hinausragen und an deren äußeren Enden die Zeese befestigt ist.

[7] Eigentlich »Krempstiefel«. Hüftlange wasserdichte Stiefel, die außerhalb des Wassers »umgekrempelt« werden, um besser darin gehen zu können.

Man mußte wohl den Ariadnefaden besitzen, um sich hindurchzufinden. Ja, selbst um den hohen eisernen Dreifuß[8] häuften sich Schuhe, wie auf dem Klappbrett unter dem Fenster, auf dem noch die Stifte und Nägel, Gummiflecke und Eisenbeschläge für Absatz und Spitze lagen. Neben der Tür hing ein Wandbrett. Dort stand wie ein kostbares Prunkstück eine Ziehharmonika, die Schifferorgel, und erinnerte Daniel Rose an seine Seemannszeit. Das war damals, ehe der Fuß kaputt ging, der nach dem Unfall niemals wieder grade geworden war. Wenn es am Fuß mangelt, klappt es nicht mehr mit der See. Dann muß man vor Anker gehen und am besten Schuster werden.

Auch Daniel Rose wußte um die Bedeutung des Flaggenmastes hinter Falks grünender Weidefläche, um die sich im Halbkreis die rohrgedeckten Katen mit ihren Gärten schlossen. Aber er konnte warten. Er litt nur still unter Toennies' falschen Tönen. Über den Flaggenmast hätte er eines zu sagen gehabt: »Minschen kamen un Minschen gahn.« Aber es war keiner zur Stelle, der diese Worte vernehmen könnte.

Von Daniel Rose müssen wir ein andermal weitererzählen, denn soeben ging auf dem Falkschen Hof die Flagge hoch.

Eine Brise kam von Osten über das Haff, morgenfroh und jung, und wehte das Fahnentuch flatternd auf. Unter ihm stand Alma mit den braunen, kräftigen Armen und rief dreimal schallend hurrah. Dann lief sie ins Haus zurück, um den kleinen Bruder anzusehen.

In die Diele fiel nur durch das ovale Guckloch der Kammer ein schwacher Lichtschein. Trotz des hellen Morgens war die Ausfahrt zum Hof mit dem schweren Balken fest geschlossen. Der Hund lag an die Kette gebunden, die Kühe waren hinausgebracht. Nur aus dem Pferdestall kam ab und zu ein dumpfes Stampfen und der Laut, mit dem die Kinnketten[9] gegen die Krippe schlugen.

Alma stand in der Kammer an der Tür. Sie hielt den Atem an und schaute mit glänzenden Augen auf die Wiege mit bunten Kissen, in die die Wehmutter den kleinen Klaas zurückgelegt hatte. Um ihren Mund spielte ein Lächeln, das ihr volles Gesicht mit einem Liebreiz verschönte.

---

[8] Eiserner Ring mit ca. 30 cm Durchmesser und drei etwa 15 cm hohen eisernen Füßen. Die alten Häuser hatten in der Küche eine offene Feuerstelle. Über das Feuer wird der Dreifuß gestellt, als Untersatz für Töpfe und Pfannen.

[9] Teil des Geschirrs, mit dem die Pferde im Stall angekettet werden.

Die Mutter blickte aus dem hohen Bett zu ihr hinüber und zwinkerte ein wenig mit den Augen. Sie schien noch zu erschöpft zu sein, um sprechen zu können. Aber Alma verstand, was die Augen der Mutter sagten. Sie nickte eifrig mit dem Kopf und alles an ihr begann vor Tätigkeitsdrang zu sprengen. Sie hielt sich gleichsam selbst an den Armen fest und stützte sich gegen die Wand, damit auch die Beine sich nicht vergaßen. Denn noch war die Wehmutter in der Kammer und hatte das Regiment und ließ es sich auch für die bescheidenste Handreichung nicht entreißen.

Der lütte Buer mit dem roten, faltigen Gesicht und den verkrampften Händchen war ja auch wie noch nicht ganz zum Leben erwacht. Man mußte Geduld haben, verstand Alma, als sie ihn betrachtete, viel mehr Geduld als bei einem Kälbchen oder dem Fohlen, der Petra. Aber die Hauptsache war, daß er gekommen war. Eines Tages würde auch er auf seinen Beinen stehen und laufen, würde genau so tollen, wie ein junges Pferd in der Koppel. Und eines Tages würde er groß sein und den Hof übernehmen.

Die Mutter hatte die Augen geschlossen. Die Wehmutter machte Alma ein Zeichen, hinauszugehen und zugleich die Wanne mitzunehmen, die noch auf der Erde stand. Die Feierlichkeit, die über der Kammer mit dem kleinen Klaas lag, schritt gewissermaßen mit aus der Tür, so daß Alma nicht versäumte, die Klinke ganz sanft herunterzudrücken und mit der Wanne in beiden Händen auf Zehenspitzen durch die Tenne zu gehen.

Aber draußen auf dem Hof zog jetzt der Vater mit dem Knecht den Wagen aus dem Schuppen. Sie ließen ihn laut über die Kopfsteine poltern. Nun machte Vater den Hund los, und der begann, die Hühner zu jagen, und das Holpern und Gackern und Bellen war eitel ungehemmte Freude.

II.
Die Schwestern Ahrens und Annemieke

Bei Tanten Anna und Clara – keiner im Dorf würde so umständlich sein, Tante Anna und Tante Clara[10] zu sagen – machte die Nähmaschine bei jedem Tritt »Nutt – Nutt«, ähnlich wie draußen im Flur die alte Standuhr, die auch jeden Schritt, den sie tat, mit einem Gurren in ihrer Tiefe bekanntgab.

Annemieke war zurückgekommen. Alma hatte sie geholt, um den kleinen Klaas zu sehen. Mit klopfendem Herzen waren sie hineingeschlichen, nachdem die Wehmutter mit ihrer schwarzen Tasche abgezogen war. Mutter und Kind hatten fest geschlafen. Annemieke hatte gewiß einen blauen Fleck am Oberarm, so fest hatte Alma sie in ihrer Freude gekniffen, als sie vor der Wiege gestanden hatten.

Auf dem Sofa mit den weißen Porzellanknöpfen, die die geschwungene Mahagonilehne wie eine Perlenkette begleiteten, lagen Flicken und Schnittmuster. Der Klapptisch davor hatte beide Flügel ausgebreitet, die von den wurmstichigen Beingestellen nur so schwach gestützt wurden, daß Tante Clara, die aus dem grünen Loden die Joppe für Vater Appelboom zuschnitt, mit aller Umsicht vorgehen mußte, um den Beinen nicht zuviel zuzumuten. Solche Klapptische fanden sich noch in fast jedem Haus. Ihre Herkunft ging auf die Schifffahrt zurück, wo es mit Platz knapp bestellt ist und an jedem Zentimeter gespart werden muß. Wenn die Flügel des Tisches sich senken durften, reichten sie bis fast auf die Erde, und es blieb vom Tisch nur eine rechteckige, schmale Mitte zurück, in der sich zwei kleine Schubfächer befanden.

Vor den Fenstern lag der Vorgarten mit der niedrigen Weißdornhecke. Priemeln blühten dort auf den runden Beeten zwischen Goldlack und Tausendschön. Nach Süden hatten Flieder und ein halbwilder Rosenstrauch eine Laube gebildet, in der eine Bank stand.

Es war zwar nicht gerade der Hauptweg, an dem das Doppelhaus der Schneiderinnen und des Schusters Rose lag. Der Hauptweg zweigte am Kiel ab, wie ein dreieckiger Platz genannt wurde, der am Anfang des Dorfes lag und gleichsam seine Vorhalle darstellte. Immerhin führte

---

[10] Reale Vorbilder: Anna und Klara Ahrens aus der B 14 in Niehagen, dem Haus, in dem später zum Beispiel der Bildhauer Gerhard Marcks wohnte.

Der Weg zum Kiel

auch dieser Weg mit seiner Reihe geköpfter Weiden mitten durch das Dorf, von Appelbooms Haus an den Schwestern Ahrens und Daniel Rose vorbei, die Wiese entlang bis zum Krug, der Angesicht zu Angesicht mit dem Falkschen Gehöft gebaut war.

Und da mit dem Krug der Laden verbunden war, in dem es alles Notwendige vom Besen bis zum Salzhering zu kaufen gab, hatte auch dieser Nebenweg seine Bedeutung. Jeder im Dorf mußte ihn wieder und wieder gehen.

Tanten Anna und Clara waren auch nicht wie Daniel Rose, der Schuster, beschaffen, der zur Straße hin seine gute Stube besaß und sich die Werkstatt hofwärts eingerichtet hatte, wo man nichts anderes sah, als was zwischen den Häusern rund um die Falksche Wiese geschah. Tanten Anna und Clara hielten sich an die Straßenfront und nahmen an allem Geschehen lebhaft teil. Anna, die als die ältere stets an der Maschine saß, konnte trotz ihres über die Arbeit gebeugten Scheitels nichts entgehen. Sie spürte gleichsam über die Brille hinweg, wenn einer draußen vorbeiging. Ja, sie führte im Kopfe Buch darüber, wer im Krug hängen blieb, wer nur im Laden gewesen war, welche Kinder der Lehrer nachsitzen

Der Krug in Niehagen

ließ, wann Toennies mit seinem Fischkasten am Lederriemen über dem Rücken loszog, um Zander und Aale im Dorfe auszutragen. Auf diesen Toennies mußte man übrigens stets ein Auge halten, denn oft flog ein Steinchen gegen das Fenster, wenn man ihn mit seinem Kasten laufen sah. »Gottlose Jugend«, konnten Tanten Anna und Glare dann seufzend sagen, und die Nähmaschine fügte eifrig »Nutt Nutt« hinzu.

Für alles übrige, was Jenseits dieses Weges im Dorf geschah, hatten die Schwestern Peter Appelboom auf der Nachbarschaft, der Bote für den Schulzen[11] war und unter dem Schutz seines Mützendeckels gewissermaßen das Gesetz durch das Dorf trug. Wenn Peter Appelboom vom Schulzen kam, stieg er zuerst bei Tanten Anna und Clara ein, nahm die Mütze vom Kopf, zog den Zettel heraus, und Anna las ihn die Ankündigungen darauf vor. Appelboom prägte ihren Wortlaut seinem Gedächtnis ein, und das Gesetz konnte wieder zwischen Mütze und Schädel ruhen.

---

[11] Entspricht in seiner Funktion dem heutigen Bürgermeister.

Am anderen Fenster der Schneiderstube war Annemiekes Platz. Dort saß sie und schürzte Knopflöcher, zupfte Reihfäden aus, durfte Haken und Ösen annähen. War aus einem alten Kleidungsstück etwa ein Kinderkittelchen entstanden, durfte Annemieke den Beutel mit den Wollresten und Seidenfäden holen und stickte um Hals und Ärmel einen kleinen bunten Kranz.

Annemieke mochte gern bei Tanten Anna und Clara in der Schneiderstube sein. Auch wenn es vielleicht nur eine Hose galt, die der kleine Hinrich aus Großvaters langschößigem Hochzeitsrock bekam, der Stoff also schwarz und dazu blank gewetzt war, so daß sich nicht viel Staat mit ihm machen ließ – selbst bei solcher Arbeit konnte Annemieke träumen. Ein goldenes, fließendes Gewand wuchs zwischen ihren Händen, wie es der Vogel Aschenputtel unter dem Haselbaum zugeworfen hatte. Nutt nutt machte Tante Annas Maschine dazu, und Annemieke schritt in dem kostbaren Kleide zum Hochzeitsfest. Der Königssohn tanzte mit ihr, nur mit ihr allein. Sie war seine einzige Tänzerin.

Annemieke mußte das Märchen in Mutters altem Buch immer wieder lesen und dazu das Bild betrachten, wie die weißen Tauben und die Turteltauben und dann alle anderen Vögel unter dem Himmel an das Fenster kamen. Aber vor Tanten Anna und Clara mußte man sich schämen, wenn man das Märchenbuch auf den Knieen hielt. Tanten Anna und Clara lasen nie und sagten immer, für das Märchenbuch sei sie zu groß. Sie hielten ihr gern Martha Rose als abschreckendes Beispiel vor, die Tag und Nacht Romane las und darüber alles andere vergaß.

So war es am schönsten, wenn man still mit dem Buch auf die Bodenabseite ging, die an jedem Giebel ein winziges Fenster besaß, oder lieber noch in den Garten unter den Haselstrauch, den gleichen Hasel, von dem im Märchen die Rede war.

Aber heute dachte Annemieke nicht an das goldene Kleid Sie dachte nur an den lütten Buern und an Almas überströmende Seligkeit.

III.
Almas großer Wunsch

»Miesemaukaetting leep op un daal
Miesemaukaetting leep oewer den Saal
hadd'n luett griesgrau Roecking an.
Miesemaukaetting, wo wisst du hengahn?
Ick will na mien Großmudding ehren Hus' hengahn,
dor brugen's, dor backen's, dor slachten se Swien,
Morgen abend, morgen abend sall Hochtiet sien.«[12]

Alma hatte den kleinen Hinrich lachend am Kittel gepackt, griff zu der Katze, die seinen Armen entsprungen war, und setzte sich mit beiden an die Hoftür.

»Miesemaukaetting leep op un daal«, fing sie noch einmal an, da fuhr Hinrich ihr schnell mit der dicken, kleinen Faust über den Mund und wiederholte mit tiefer Stimme, die Stirn gewichtig in Falten gezogen:

»Dor brugen's, dor backen's, dor slachten se Swien, morgen abend, morgen abend sall Hochtiet sien.«

»Gut behalten«, lachte Alma und ließ ihn mit der Katze auf ihrem Schoß tanzen.

»Du kommst auch zu mir in mein Kinderheim, ja, Hinrich?« fragte sie.

Der Junge wandte sich um und schaute sie mit ernsten, fragenden Augen an.

»Das ist nichts Schlimmes, im Gegenteil«, lachte Alma. »Das ist etwas Schönes, kleiner Mann. Ich baue mir ein weißes Haus mit großem Garten dazu. Viele Kinder wohnen dann bei mir, Jungen und Mädel. Nicht nur so kleine, wie du jetzt bist, auch größere. Dann tollen wir immer miteinander, wir turnen und schwimmen und laufen um die Wette!«

Hinrichs Augen begannen aufzuleuchten. Schwimmen? Ja! Um die Wette laufen? Ja! Er nickte eifrig.

»Ein paar Jahre mußt du aber noch warten«, lachte Alma.

---

[12] Hochdeutsch: »Miesemukätzchen lief auf und nieder // Misemaukätzchen lief über den Saal // Hatt 'nen kleines griesgrau Röckchen an. // Miesmaukätzchen, wo willst du hingehen? // Ich will zu meiner Großmutter ihrem Haus hingehen, // Da brauen's, da backen's, da schlachten's Schweine // Morgen Abend, morgen Abend soll Hochzeit sein.«

»Ich muß nämlich erst viel lernen, ehe ich ein Kinderheim haben darf, verstehst du? Aber ich mußte auch lange warten, bis der kleine Klaas gekommen war. Der soll später Bauer auf unserm Hof werden. Sonst hätte i c h das werden müssen, weißt du.«

Hinrich nickte und dachte nach. »Ich will nicht Bauer werden«, sagte er dann.

»Nein, du wirst ja Schiffer.«

Hinrich stimmte ernst zu.

»Dazu mußt du aber groß sein, und vorher kommst du mal in mein Kinderheim.«

Hinrich dachte wieder nach. Über eine Weile sagte er:

»Aber Großvater kommt auch mit!«

»Großvater auch, wenn er will«, nickte Alma.

»Und die kleine Schwester bei Mutter auch?«

»Die auch.«

»Toennies aber auch«, sagte Hinrich plötzlich. »Toennies muß auch mitkommen.«

»Der wird wohl nicht wollen«, meinte Alma.

»Toennies muß aber mitkommen«, sagte Hinrich noch einmal.

Alma lachte nur.

Da machte Hinrich sich los, denn wenn Toennies nicht mitkam –

»Ich will zu Daniel«, sagte er entschlossen.

»Schuhe abholen?«

»Nein, aber komm mit.« Er faßte nach Almas Hand.

Sie gingen zusammen am Rande der Wiese entlang. Das Gras wuchs schon hoch, und die Butterblumen blühten. Drüben stand der alte Appelboom mit Spaten und Drahtkorb und legte Frühkartoffeln in die Erde. Hinter dem Rohr wölbte sich der blaue Himmel über das blaue Haff. Kein Windhauch war zu spüren. Am Lichtmast und auf dem Draht zwischen Langhinrichs Haus und Fischer Ohlerichs Katen saßen Schwalben und wippten mit den Schwänzen. Wo die Wiese von den Hausgärten abgelöst wurde, ließ Alma Hinrichs Hand los. Sie mußte zurückgehen. Vater erwartete den Kaffee auf dem Feld.

Hinrich begann zu laufen, daß die neue schwarze Hose um seine Schenkel flatterte. Tanten Anna und Clara hatten sie auf Zuwachs berechnet, da der Stoff noch fest war.

Daniel Roses Hof war offen. Hinrich klemmte sich durch die Küchentür und stolperte dabei über die Steinschwelle, ohne Mutter Rose zu sehen, die am Fenster hockte und mit stieren Augen ihren Zeitungsroman las. Mit beiden Fäusten wummerte Hinrich gegen die Werkstatt. Die Tür wurde gleich von innen aufgezogen.

»Da bin ich!« Aufatmend stürzte Hinrich hinein.

Daniel Rose schob seinen krummen Fuß zur Seite und langte nach einer hell leuchtenden Weidenflöte, die auf dem Klapptisch zwischen seinem Werkzeug lag.

»Hopp, hopp, hopp, Häuten,
ick mak mi ene Fläuten,
von Timerjan un Maieran,
lat de beste Fläut afgahn«,[13]
lachte er.

»Da ist sie!« Hinrich packte ungeduldig zu und hatte die Flöte schon im Mund.

»Andersherum«, lachte Rose.

Also andersherum! Hinrich pustete. Der Speichel trat aus seinen Mundwinkeln. Statt der erwarteten Töne kam ein Blubbern. Daniel nahm ihm die Flöte ab und setzte sie mit seinen Pechfingern an die Lippen. Gleich stieg ein Ton heraus, ein heller Ton wie von einem Vogel im Rohr.

»Gib mir!« Hinrich zog ihm die Flöte vom Munde. Aber wieder brachte er keinen Ton heraus. »Mach du Musik«, befahl er.

Daniel wies lächelnd die Flöte zurück und nahm seinen Schuh wieder zur Hand.

»Dann mach damit Musik.« Hinrich wies zu der Schifferorgel auf dem Wandbrett.

»Heute nicht. Heute ist Arbeitstag, Hinrich.«

»Wann denn?«

»Am Sonntag«

»Wann ist denn Sonntag?«

---

[13] Hochdeutsch: «Hopp, hopp, hopp, Häuten, // ich mach mir eine Flöte, von Thymian und Majoran, // lass die beste Flöte abgehen.« Siehe auch S. 150.

Hoher Himmel über dem Bodden

»Demnächst.«

»Dann lauf ich zu Annemieke. Die soll mir Musik machen.«

Ehe Daniel es sich versah, war Hinrich mit seiner Flöte aus der Tür verschwunden und lief gleich darauf mit den schlotternden Hosenbeinen unter dem Fenster der Werkstatt vorbei. Doch plötzlich blieb er stehen und schnupperte in die Luft, machte entschlossen kehrt und sauste in der entgegengesetzten Richtung davon.

Hinter Ohlerichs Stachelbeersträuchern stieg eine feine, blaue Wolke schnurgrade in die Luft. Toennies räucherte! Toennies stand mit einer kurzen kalten Pfeife im Mundwinkel vor einer Tonne. Die Augen unter den hellen Brauen zusammengekniffen, behütete er das Feuer, das zwischen ein paar Steinen gloste. Hinrich hockte sich daneben ins Gras und schaute andächtig zu. Die Nasenlöcher weiteten sich, um den Duft tief einzuziehen, der mit dem Rauch der Tonne entwich.

»Aale«, sagte Toennies nach einer langen Weile.

»Wer bekommt die?« Hinrich war es, als wenn sein Magen vor Hunger zu brennen anfinge.

Toennies antwortete nicht. Er stocherte mit einem Stock vorsichtig in die Glut.

»Viele Aale?« fragte Hinrich schließlich.

»Drei«, kam die Antwort. »Drei müssen es ja wohl schon sein.« Toennies lugte in die Tonne hinein, wobei der Rauch sein Gesicht zu fressen schien, und lüftete eine Stange, die quer über dem Tonnenrand lag. Drei braunglänzende Aalköpfe kamen zum Vorschein, dann noch ein wenig von ihrem schimmernden Leib. Toennies ließ sie behutsam zurückgleiten.

Hinrich wurde es schließlich langweilig. Seine Gedanken schweiften umher. Er sagte:

»Du, Alma macht ein Kinderheim.«

Toennies schob seine Pfeife in den anderen Mundwinkel und blickte über die Gärten, wo Appelboom noch immer beim Legen seiner Frühkartoffeln war.

»Ich soll dann hinkommen, hat sie gesagt. Kommst du mit?«

Toennies lachte breit.

»Denn sonst will ich auch nicht.«

Toennies stocherte im Feuer und steckte erneut seinen Kopf in die blaue Wolke. »Ich gehe nicht von hier fort«, sagte er dann.

»Bleibst du immer hier?«

»Ja, immer.«

»Willst du nie zu den Chinesen?«[14] fragte Hinrich. »Vater ist nämlich bei den Chinesen.«

»Nein, ich bleibe hier.«

»Vater war auch schon bei den Mohren.[15] Ich will später auch zu den Mohren fahren. Die haben Kokosnüsse, viele Kokosnüsse. Großvater hat nur eine Schale, und da ist nichts mehr drin.«

Toennies zog den Stock hoch. Die drei Aale kamen in ihrer ganzen Länge heraus. Er betrachtete sie prüfend. Die Pfeife wanderte dabei befriedigt in die andere Mundecke. Er suchte ein Stück guten Bindfaden aus seiner Tasche, nahm einen Aal nach dem anderen sorgsam von der Stange ab und zog den Faden durch das Loch im Kopf. Mit dem Bündel in der Hand wanderte er suchend an der Schuppenwand entlang. Ein

---

[14] Um 1900 hatte Deutschland in China eine Kolonie an der Küste. Auch Seeleute vom Fischland fuhren dort auf Handelsschiffen zwischen den Häfen der Kolonie, Japans und den chinesischen Häfen. Sie kamen oft jahrelang nicht nach Hause.

[15] Wie in obiger Fußnote, aber die afrikanischen deutschen Kolonien betreffend.

Zeesboote im Hafen

sauberer Stock mußte es sein, am besten mit einem Astansatz an der Spitze. Toennies fand ihn und knotete das Bündel mit den drei Aalen liebevoll am Stock fest.

Hinrich hatte wortlos zugeschaut und war Toennies nicht von der Seite gewichen, denn Toennies war einer, den man bewundern mußte, der alles verstand und überdies mit dem großen Boot zum Fischen fuhr.

»So«, sagte Toennies und legte Hinrich den Stock über die Schulter. Im Rücken hingen die Aale, das andere Ende des Stockes bekam Hinrich fest in die Faust gedrückt. »Du gehst damit zu Tanten Anna und Clara. Vorsichtig sein, den Stock festhalten«, mahnte Toennies. »Geh langsam, fall nicht, und dann läufst du gleich wieder fort. Ich mag nämlich nicht zu Tanten Anna und Clara gehen. Außerdem habe ich zu tun.« Hinrich marschierte wie ein Soldat gewichtig davon. Er hatte nicht das geringste dagegen, zu Tanten Anna und Clara zu gehen, denn in der Nähstube saß gewiß Annemieke. Die sollte ihm Musik auf seiner Flöte machen.

IV.
Daniel Roses Gedanken

Wenn Mutter Rose das Abendbrotgeschirr zusammenstellte, um auf dem Küchentisch Platz für ihr Zeitungsblatt zu haben, und sich in den Romanteil vertiefte, kehrte Daniel Rose in seine Werkstatt zurück. Doch seine Arbeit nahm er nicht wieder auf.

Die Dunkelheit schlich langsam über die Regale und verhüllte alle mahnenden und wartenden Schuhe mehr und mehr. Rose schob auf der Klappe Stifte und Nägel, Hammer und Pfriem beiseite und lehnte die Arme darauf, öffnete einen der kleinen Fensterflügel mit den zwei Sprossen und schaute hinaus, schaute über die Gärten und Katen, auf die kleine Welt, die die Wiese umschloß.

Auf dem Falkschen Gehöft ging jemand mit einer Laterne über den Hof. Dann wurde Licht im Stall. Auch in Langhinrichs Stube leuchtete die Lampe auf. Dort saß der alte Schiffer auf seinem Sofa und trank seinen Schlummerpunsch. Seine Hand griff ab und zu nach dem dampfenden Krug und schenkte ein.

Die große Wiese lag im sanften Licht der frühen Sommernacht. Blumenduft strömte in das Fenster hinein. Der Jasmin war aufgeblüht.

Rose saß unbeweglich auf seinem Platz und las langsam in Gottes großem Buch, in dem alles Leben aufgezeichnet steht von Anbeginn an. Dann schaute er in sich selbst zurück und bedachte, wie alles für ihn gewesen und geworden war. Mußte das Leben aus so viel Verwirrung und Enttäuschung bestehn?

Lag auch das in Gottes Plan? Würde es den jungen Menschen nicht anders gehen?

Rose schaute wieder hinaus, als könnte die stille Sommernacht ihm eine Antwort auf seine bange Frage geben. Ein warmer Strom stieg aus seinen Herzen empor und wandte sich den jungen Menschen zu, vor denen des Lebens Weg noch ausgebreitet lag. Er dachte an Toennies, der oft mit Fischen in seine Werkstatt kam und kein Geld dafür haben wollte, an den kleinen Hinrich, der voller Ungeduld mit der Weidenflöte davongelaufen war, an die frohe Alma mit den festen Armen, die so blitzschnell und dennoch ausdauernd zuzugreifen verstanden, an ihren kleinen, heiß erwarteten lütten Buern. Auch an den Jungen aus der Stadt dachte er, der wohl in der nächsten Zeit kam, dann gleich von Haus zu Haus lief, nur um jeweils zu rufen: »Guten Tag! Ich bin endlich wieder da!« Und an Annemieke! Ja, Annemieke mit den langen flinken Beinen! »Kleine Annemieke«, dachte Rose dann wohl und sein Herz war voll Zärtlichkeit. »Wie eine Blaumeise siehst du mit deinem blauen Tuch auf den hellen Haaren aus.«

Daniel Rose hatte Annemieke aufwachsen sehen, Jahr für Jahr, von Tanten Anna und Clara umhegt, die, so gut es ging, beide Eltern für sie geworden waren. Annemiekes Mutter war mit auf dem Schiff gewesen, das an der norwegischen Küste vor den Sieben Jungfrauen auf einen Felsen lief und sank.

Bei ihm in der Werkstatt hatte Annemieke buchstabiert und ihre erste Tafel vollgeschrieben. Den ersten Hampelmann hatte er ihr gemacht, aus einem dünnen Brett, mit sauber gepechten Schnüren zum Ziehen. Nun wollte er ihre Hochzeit noch erleben. Auf ihrer Hochzeit wollte er die Schifferorgel spielen, so froh und so leicht, wie sie noch niemals gespielt werden war; Annemieke sollte mit ihrem Bräutigam danach tanzen und glücklich sein. Aber die Welt war ja groß, und das Leben so wechselvoll, und Annemieke war erst fünfzehn Jahre alt und fast noch ein Kind.

Der Mond war über das Haff gestiegen. Jetzt hüllte, eine Wolke ihn ein. Doch auf dem Haff in der Ferne blieb ein silberner Glanz zurück, wie aus Quellen der Tiefe gespeist. Als der Mond aus den Wolken trat, wurde wieder aus diesem Glanz ein breites, flutendes Band.

Daniel Rose fühlte es, als wenn er der Vater von allen sei, Groß und Klein. Ja, ihm war, während der Mond sein Licht über die Wiese ergoß und breite Schatten des Rohrdachs über die hellen Wände warf, als wäre er ein klein bißchen wie der Herrgott selbst, der um alle Herzen weiß.

Aber der Herrgott kann helfen und Schicksal gestalten. Ja, er greift mitunter mit sichtbarer Hand in das Leben ein, legt einen Stein auf des einen Menschen Weg, hebt für den anderen einen Stein wieder fort, und weiß, wohin jeder wandern soll. Daniel Rose dagegen kann nur am Fenster sitzen und alles bedenken. Aber ihm scheint, als wären auch seine Gedanken nicht ohne Sinn und könnten ein wenig helfen, das Leben zurechtzurücken, wenn es auf falsche Bahn gerät, könnten auch einen Fuß vor Steinen bewahren. Vielleicht war es deshalb, daß er ein Schuster geworden war, der von Morgens bis Abends in seiner Werkstatt saß und für die Füße der Menschen sorgte, der kleinen und großen. Vom ersten Schuh, der mehr noch zum Anschauen war, bis zu den letzten Reisestiefeln, in die die Alten schließlich steigen müssen.

Daniel Rose fing in Gedanken an seinen Sohlen zu hämmern an. Er richtete einen Absatz grade, der schiefgetreten war. Er schnitt den Riester zu, den Tanten Anna und Clara auf das Oberleder bekommen sollten, wo der Ballen scheuerte, so daß der Schuh dort übermäßig beansprucht wurde. Wenn er an diese Arbeit ging, war die Sonne wieder da und alles, was jetzt der Mond mit seinem fahlen Licht umgab, wurde klar und bunt.

Es ist dann kein Wundern mehr, keine Ehrfurcht vor dem Unbekannten. Alles liegt auf der Hand, hat ein greifbares, eindeutiges Ziel. Die Kunden kommen in die eine und in die andere Tür, die beide einträchtig nebeneinander liegen. Schuster und Schneider sagt man wohl, wenn man jedermann meinen will, und hat recht damit. Es ist jeder gleich.

Nur die einen wollen nichts weiter, als sauber und ordentlich gekleidet gehen. Andere streben darüber hinaus. Da darf die Sohle nicht zu derb geraten sein, und reißt das Oberleder entzwei, soll der Schuster es unsichtbar zu nähen verstehen. Und drüben vor dem erblindeten Spiegel drehen und wenden sie sich hin und her. Die Nähmaschine muß schweigen, damit auch Anna überlegen kann, wie der alte Ärmel sich in einen modernen Ärmel wandeln läßt, während Clara grübelnd mit Stecknadeln im Munde danebensteht.

Der Schuster weiß von Federlesens nichts. Geflickt ist geflickt, und ein alter Schuh wird nicht wieder neu. Aber Tanten Anna und Clara holen ihre zerlesenen Modeblätter herbei und sind sogar bereit, um dieses Ärmels willen ein neues Modenheft zu bestellen.

V.
Hausputz bei Peter Appelboom

Der Duft vom Heu der Wiese strömte mit dem Sonnenlicht durch das Appelboomsche Haus. Alle Fenster waren weit aufgeschlagen. Sogar die Luke zum Boden stand offen, wo Peter Appelboom früher das Futter für seine Kuh aufbewahrt hatte und jetzt nur einige Koffer und Kisten abgestellt waren. Es herrschte im Hause und rund um das Haus ein Kommen und Gehen und eine Betriebsamkeit, wie bei einem Taubenschlag.

Der alte Appelboom hatte in Doktor Krügers Wohnstube die Wände mit rosa Leimfarbe frisch gestrichen, sogar dicht unter der Decke entlang eine schmale Kante von dunklem Rot gezogen, die ein wenig zittrig geraten war und nur stärker sichtbar machte, wie schief die Stubendecke war.

Das Haus mit seiner hohen Diele, an der zu beiden Seiten Stube und Kammern und Küche lagen, war alt. Uralt sogar. Schon der Büdnerbrief,[16] den Appelboom wie ein Heiligtum in seiner Kommode bewahrte, und nicht aus den Händen geben wollte, war vor mehr als hundert Jahren ausgestellt. Dort stand mit einem Siegel verbrieft zu lesen, daß das Baujahr des Hauses unbekannt war.

Noch zu Appelbooms Zeiten hatte es in der Küche einen offenen Kamin gegeben, durch den das Himmelslicht, nur von einer kleinen Krümmung abgelenkt, auf den gemauerten Herd scheinen konnte. Es schneite und regnete bei ungünstigem Wind leicht auf den Kessel, der an einer Kette über der offenen Feuerstelle hing, oder auf den Kochtopf, der mit einem Dreifuß über die Flamme gesetzt wurde. Aber das nahm damals jeder als unvermeidlich mit in Kauf. So hatten es Appelbooms Vater und Vatersvater gehabt und sich wohl dabei befunden.

Als vor einigen Jahren der Doktor Krüger aus Hamburg das Haus von Peter Appelboom erwarb und ihn dort für Lebenszeit auf dem Altenteil

---

[16] Der Grundbesitz des Fischlandes gehörte zum Besitz des Großherzogs von Mecklenburg, zum »Domanium«. Die Büdner erhielten ihren Besitz nur auf der Basis einer Erbpacht. Als Legitimation erhielten sie von der herzoglichen Verwaltung eine »Anerkennungsurkunde«, allgemein als Büdnerbrief bezeichnet. In diesem waren nicht nur die Bedingungen zum Grund- und Hausbesitz geregelt, sondern er regelte auch alle anderen Pflichten eines Büdners, wie Leistungen für die Kirche, für die Schule und sonstige gemeinnützige Aufgaben des Dorfes wie Wegebau und Regeln für die Nutzung der dörflichen Kuhweide. Für die Bauern gab es eine analoge Anerkennungsurkunde.

beließ, wurde als erstes der Schornstein neu aufgezogen und ein eiserner Herd mit einem Rohr gesetzt. Appelboom fürchtete, sein Haus würde über dieser Veränderung einfallen, doch das Haus nahm den Wandel willig in Kauf.

Auch elektrisches Licht wurde gleich gelegt. Die alten Lehmwände fingen zu rieseln an, als sie durchbohrt werden mußten. Aber das Rieseln ließ wieder nach. Der Maurer verschmierte alle schadhaften Stellen. Endlich brannte es auch bei Appelboom so hell, wie seit langem rundum im ganzen Dorf. Als die Anlage fertig geworden war, war der alte Appelboom durch sein Haus gegangen und hatte mit Herzklopfen an allen Schaltern gedreht. Er glaubte, sein Haus müßte nun in Flammen aufgehen. Doch als kein Unglück geschah, blinzelte er vergnügt in das strahlende Licht und trug seine Petroleumlampe auf den Boden hinauf.

Annemieke hatte in Doktor Krügers Wohnstube die Reste der Leimfarbe von den Dielenbrettern entfernt und rieb den Fußboden blank. Dann stand sie auf, strich das Haar unter ihr Kopftuch zurück und schaute sich prüfend nach allen Seiten um. Da hatte sie plötzlich die Stube wieder so vor Augen, wie sie noch vor wenigen Jahren gewesen war. Kleiner und dunkler hatte sie gewirkt. Im Winter hatte es immer nach Preßkohlen und Stiefelfett gerochen, und doch war es behaglich gewesen. Wenn Peter Appelboom seine Kuh gemolken hatte, brachte er ihr gleich ein großes Glas frische Milch, auf der noch der dicke Schaum ruhte, und saß er grade beim Essen, mußte sie mithalten. Wie oft hatte sie als Kind bei Appelboom auf dem alten Sofa mit dem zerschlissenen, dunklen Bezug gesessen, in das man tief versank, weil die Gurte nachgegeben hatten. Dieses schöne Sofa hatte Appelboom verschenken müssen. Es fand keinen Platz mehr in der kleinen Stube hinter der Küche, die sein Altenteil wurde. Nur die ovalen Bilder seiner Eltern, die über diesem Sofa gehangen hatten, hatte er mit hinüber genommen.

Gewiß waren die Möbel, die früher in diesem Zimmer gestanden hatten, altersschwach und wurmstichig gewesen. Immer hatte das Holzmehl in kleinen Häufchen unter Appelbooms Kommode, seinem Schapp[17] und dem Lehnstuhl mit den Rohrbeinen gelegen. Auch die

---

[17] Schrank.

dunkle Tapete hatte viele Risse und Flecke gehabt. Aber die Stube war viel gemütlicher gewesen als jetzt; Annemieke hatte sich heimisch dort gefühlt, während sie sich nun immer wie in einer anderen Welt vorkam. Nichts erinnerte mehr daran, wie es früher gewesen war. Allein die alte Schiffsuhr mit dem achteckigen Mahagonirahmen hing noch an ihrer gewohnten Stelle. Diese Uhr hatte Doktor Krüger Appelboom abgekauft.

Tanten Anna und Clara kamen den Gartenweg entlang. Sie gingen mit den gebügelten Gardinen auf den ausgebreiteten Armen, als wollten sie Gevatter[18] auf einer Zwillingstaufe stehen. Als ein Windstoß in die Gardinen fuhr, stießen beide einen Schreckenslaut aus und hasteten in ihren langen, schwarzen Kleidern so schnell es ging ins Haus. Kaum waren sie wieder gegangen, schob Alma den Wagen mit dem lütten Buern in Appelbooms Garten hinein.

»Noch nicht fertig?« rief sie in das offene Fenster. »Kann der kleine Kerl ein bißchen hier draußen stehen, Annemieke? Wir wollen das Heu von der Stadtwiese[19] holen, ehe das Unwetter hochkommt.«

Trotz ihrer Eile lief Alma doch noch durch das Haus und schaute sich neugierig nach allen Seiten um. Sie blieb einen Augenblick vor dem Krügerschen Schlafzimmer stehen und nahm mit wachem Blick seine ganze Einrichtung in sich auf. Sie sah im Geiste schon ihr eigenes Haus mit den hellen Räumen für ihre vielen Kinder. Genau so licht und luftig sollte alles werden, auch die Betten so weiß, helles Waschgeschirr, alles blitzend vor Sauberkeit. Und durch das ganze Haus sollten von früh bis spät die frohen Kinderstimmen schallen.

Annemieke war wieder allein. Sie holte den Küchenschemel und zog im Wohnzimmer die Gardinen über die Messingstangen. Von oben konnte sie grade in den Wagen mit dem lütten Buern hineinschauen, der im Schatten des Apfelbaums schlief. Er sah blaß aus. Das kam gewiß nur davon, daß seine Mutter ihn nie in die Sonne bringen wollte, während Alma immer darum bat, daß er, nur mit Hemdchen und Windel bekleidet, draußen liegen sollte. Doch seine Mutter packte ihn stets ängstlich ein.

Auf der Höhe des Kiels wurde Bauer Falk mit seinem Wagen sichtbar. Plötzlich scheuten die Pferde. Einen Augenblick später sprang

---

[18] Taufpate.
[19] Die Fischländer pachteten von der Stadt Ribnitz einen Teil der zwischen Dierhagen und Wustrow liegenden Wiesen, die »Stadtwiesen«, für die Gewinnung von Heu.

Fieken Waterstraat unter einer Weide am Weg heraus, hob ihre vielen, zerlumpten Röcke, unter denen ihre nackten Beine herauskamen, und stürzte wie gehetzt auf Appelbooms Pforte zu. Annemieke hielt erschrocken mit ihrer Arbeit inne. Fieken Waterstraat lief unter ihrem Fenster vorüber, ohne sie zu sehen, und blieb vor dem Wagen mit dem lütten Buern wie vor einer Mauer stehen. Dann trat sie langsam einen Schritt näher und schaute in den Wagen hinein.

Annemiekes Herz klopfte vor Schrecken. Sie war nahe daran, laut um Hilfe zu rufen. Fieken Waterstraat, von der im ganzen Dorf so viel Böses geraunt wurde, durfte dem lütten Buern nichts tun!

Aber Fieken Waterstraat stand unbeweglich vor dem Wagen und hielt noch immer mit beiden Händen ihre Röcke hoch. Jetzt sah sie sich scheu nach allen Seiten um und lief weiter, als wehe der Wind sie davon, den breiten Gartenweg herunter, quer über die Wiese, auf der die Heuhaufen standen, und verschwand zwischen Langhinrichs Haus und Falks Gehöft.

Annemieke atmete erleichtert auf. Sie hatte sich auf die Zehenspitzen erhoben und Fieken Waterstraat nachgeschaut, bis nichts mehr von ihr zu sehen war. Alle Leute hatten Angst vor Fieken Waterstraat. Sie sollte das Vieh verhexen und allein mit ihrem Blick schon Menschen Schaden zufügen können. Aber der Lehrer hatte immer gesagt, ein vernünftiger Mensch dürfte so etwas nicht glauben. Außerdem sei es Unrecht, Fieken Waterstraat etwas nachzusagen, solange man ihr nichts Schlechtes nachweisen könnte. Trotzdem liefen die Schulkinder immer schreiend vor ihr davon, und jeder scheuchte sie weg, sobald sie sich vor einem Grundstück sehen ließ.

Annemieke dachte noch über Fieken Waterstraat nach, da trugen Falk und Toennies den Krügerschen Frachtkoffer ins Haus und setzten ihn in der Schlafstube ab. Falk ging zu seinen Pferden zurück. Toennies blieb mit der Pfeife im Munde im Türrahmen stehen und schaute Peter Appelboom zu, der im Schuppen Ordnung machte. Toennies hörte Annemieke im Hause schaffen, er wandte sich aber erst zu ihr um, als sie mit dem Küchenschemel über die Diele ging.

»Könntest du mir nicht, Annemieke, ein paar Blumen aus deinem Garten geben?« Er klopfte seine Pfeife aus, obwohl sie leer war und bisher nur ein Schmuckstück zwischen seinen Lippen.

»Blumen? Ja, gern, Toennies. Soll ich gleich hinübergehen und dir welche pflücken?«

»Nein, so ist das nicht gemeint«, sagte er.

Annemieke lachte: »Wie denn?«

»Nicht solche Blumen, die gleich verwelken. Nein, andere, die man vor dem Hause zu stehen hat. Ich habe da ja nur Gras«, sagte er ein bißchen ungeduldig, weil er sich so umständlich erklären mußte.

»Ach so, du meinst Stauden?«

»Ja, so was, wie du vor den Fenstern hast. Die magst du doch gern?«

»Blauen Rittersporn?«

»Ja, aber auch Rotes.«

»Also Phlox«, sagte Annemieke. »Von allem kannst du bekommen. Nur jetzt geht es nicht mehr. Im Herbst will ich dir Pflanzen geben, du mußt nur bis dahin warten.«

Toennies zuckte ein bißchen mit den Schultern und sagte nebenbei: »Hat auch noch viel Zeit. Es eilt nicht grade.« Er sprang Vater Appelboom zu Hilfe, der die große Leiter an der Schuppenwand aufhängen wollte, wo Doktor Krüger eine Reihe starker Haken angebracht hatte.

Annemieke holte den Besen aus der Kammer. Toennies trug für Appelboom die beiden großen Eimer voll Wasser hinein. »Bist du noch immer nicht fertig?« sagte er.

»Doch, bald.« Annemieke blickte sich zufrieden nach allen Seiten um.

»Eigentlich mag ich nicht, daß du hier steckst und alles machst. Du brauchtest überhaupt nicht hierher zu gehen«, hörte sie ihn aus der Küche brummeln. Dann sprang er plötzlich mit einem Satz aus dem Küchenfenster hinaus. Appelboom schimpfte laut hinter ihm her. »Mall«, schloß er ärgerlich. Toennies war mitten in das Petersilienbeet gesprungen.

Es wurde schon dämmerig als Annemieke als letztes den langen Gartenweg herunterharkte. Die Sonne war hinter Wolken verschwunden. Zuerst hatte die graue Wand noch einen goldenen Saum gehabt, dann verblaßte auch der. Das Unwetter stieg schnell hoch. Als Annemieke zu Tanten Anna und Clara ins Haus kam, fuhr der erste Sturmstoß durch die Pappeln, brauste über die Wiese dahin und packte die Heuhaufen an. Schon neigte sich das Rohr, begann grauweiß zu wogen und wurde gleich darauf eins mit dem grau aufgepeitschten Haff.

Tanten Anna und Clara saßen in der Küche, aber sie hatten das Abendbrot noch nicht angerührt. Beide hielten die Hände im Schoß gefaltet und blickten verstört hinaus.

»Fieken Waterstraat war unterwegs«, sagt sie mit belegter Stimme. Dann fuhren sie zusammen, denn ein Blitz zuckte aus den Wolken. Genau hinter Falks Scheune ging er schnurgrade herunter. Ein Donnerschlag folgte, das Haus erbebte.

Tanten Anna und Clara rührten sich nicht. Sie saßen mit gesenkten Köpfen und schienen nur darauf zu warten, daß der nächste Blitz zwischen ihnen heruntergehen würde. Aber es kam kein Blitz mehr, nur der Sturm fegte in Stößen um das Haus. Jetzt jagte er eine Regenbö vor sich her, die draußen alles verhüllte: Falks Gehöft, die verwehten Heuhaufen auf der Wiese, Langhinrichs graues Steindach und Fischer Ohlerichs windschiefen Katen.

Niemand sah, daß Toennies, den Südwester[20] fest unter dem Kinn zugebunden, mit aller Kraft eine Leiter gegen das Rohrdach lehnte, hinaufstieg, sich festkrallen mußte, wenn die Böen kamen, und versuchte mit einer Stange das Rohr niederzudrücken und zu beschweren, das der Sturm losreißen wollte. Halme standen zu Berge, ganze Büschel Rohr flogen davon. Toennies blickte ihnen fluchend nach und preßte sich flach gegen das Dach. Endlich saß die Stange unter dem Gewicht der Leiter fest und der Sturm konnte das Rohr nicht mehr packen. Der Sturm hätte ihm gewiß gern das ganze Dach über dem Kopf abgedeckt. Toennies verschwor sich, wenn das Haus einmal seins wurde, sollte es kein Geizen und Sparen mehr geben.

Sofort wurde das Dach neu gedeckt, und zwar mit dem feinsten Rohr, Lage auf Lage, dicht und fest, daß es ein Staat sein würde, darunter zu wohnen.

Die Bäume ächzten, alle Läden klapperten rund ums Haus. Immer noch peitschte der Regen gegen die Scheiben. Tanten Anna und Clara richteten langsam ihre Köpfe hoch. Annemieke griff zum Milchtopf und schenkte in die braunen Becher ein.

»Stand etwa der lütte Buer nach draußen?« flüsterten Tanten Anna und Clara.

---

[20] Kopfbedeckung der Seeleute bei Schlechtwetter auf See, früher aus ölgetränktem Segeltuch, heute aus Kunststoff, breitrandige Kappe mit langem Nackenteil, Teil des Ölzeugs.

Annemieke wurde rot. Sie wußte, daß die Tanten an Fieken Waterstraat dachten und tief erschrecken würden, wenn sie erführen, daß Fieken Waterstraat in den Kinderwagen geschaut hatte. Darum sagte Annemieke nur:

»Alma hat den lütten Buern geholt, ehe das Unwetter ausbrach.«

Die Tanten wagten nicht, weiter zu fragen. So aßen sie schweigend ihr Abendbrot und legten sich nach diesem Tage voll Arbeit und Unruhe zeitig zu Bett.

VI.
Toennies und sein Vater

Am Morgen hatte der Sturm sich so weit gelegt, daß die Fischer hinausfahren konnten. Der Himmel war bezogen, und es wehte ein steifer West. Doch den großen Booten mit dem festen braunen Segelzeug und

Nach dem Fang

dem schweren Treibnetz[21] war das Wetter grade recht. Sie brauchten viel Wind, um einen guten Fang heimzubringen.

Als der Tag graute, sah man die Schäden, die das Unwetter des letzten Abends angerichtet hatte. Vor Ohlerichs Katen lag das Rohr kreuz und quer auf dem schütteren Gras verstreut, mit dem der Vorgarten zugewachsen war. Von allen Bäumen waren Äste abgebrochen. Eine der alten Weiden am Wege war zur Hälfte gespalten. Das morsche Holz leuchtete aus einer langen, hellen Wunde. Bauer Falk hatte seine Eggen über den Scheunenfirst ausgefaltet, weil auch dort die Böen eingebrochen waren und das Rohrdach abdecken wollten.

Die ersten Fischerboote brausten aus dem Hafen hinaus, mit kleinen Schaumkränzen vor dem Bug und hart angeholten Schoten. Auch Vater Ohlerich war in Kremstiefeln, den Kasten mit dem Tagesproviant über der Schulter, auf dem Wege zum Hafen. Nur Toennies konnte nicht vom Grundstück finden und machte sich dort noch einiges zu schaffen. Er blickte zu Appelbooms Haus hinüber, dessen Läden noch geschlossen waren.

Dennoch schien es dem Hause anzusehen, daß es von oben bis unten geputzt und zum Empfang aufs beste vorbereitet worden war.

Toennies hörte Daniel Rose in seiner Werkstatt schon eifrig hämmern und konnte sich einbilden, daß er auch des »Nutt – nutt« aus der Schneiderstube vernahm. Ihm wäre es lieber gewesen, er hätte heute zu Hause sein können. Doch beim Fischen geht es nach Wetter und Wind und nicht nach persönlichen Wünschen.

Sobald das Boot aus der Hafeneinfahrt mit der schmalen, gebaggerten Rinne in das offene Wasser des Haffs gekommen war, kroch Vater Ohlerich in den dunklen Vorschiffsraum und legte sich zwischen Tauwerk und Segelsäcken nieder. Toennies blieb am Ruder und kreuzte im lockeren Verband mit den anderen Fischern gegen den Wind auf über das Haff. Er hatte die blaue Schiffermütze, deren Schirm schon seit langem in der Hälfte gebrochen war, so daß sie über seiner Stirn wie ein kleiner Giebel stand, bis an die Ohren gezogen. Dort kam an der einen Seite eine Strähne blondes Haar heraus, das sich immer lockte, wenn die Luft voll Feuchtigkeit war. Sein Gesicht war noch kindlich rund. Das kam ihm jeden

---

[21] Zeese, siehe Fußnote 6.

Vor der Ausfahrt

Sonntag ärgerlich zu Bewußtsein, wenn er vor dem Spiegel stand und sich einen Kragen umband. In der Woche dagegen war für solche Feststellungen keine Zeit. Nur wenn er im Winter Tag für Tag mit dem Vater am Ofen saß und Netze strickte, konnten seine Gedanken ungewünschte Wege gehen und sich dann gern an dem eigenen Äußeren festheften.

Doch einmal mußte auch für ihn der Tag kommen, da sein Gesicht sich streckte und ein paar erwachsene Falten bekam. Jetzt war ihm manchmal, als fröre er am Kinn, wo die Haut noch immer nichts anderes als einen weichen, hellen Flaum besaß. Schließlich kam es in erster Linie darauf an, daß man seine Arbeit tat und seine Sache verstand, und daran fehlte es bei Toennies nicht. Es fehlte sogar in keiner Weise daran. Wenn der Fischkäufer mit seinem Motorkutter angebraust kam und im Hafen die Wage von Bord zu Bord getragen wurde, stand Toennies unter allen anderen Fischern jedenfalls seinen vollen Mann.

Manchmal lief ihm eine Handvoll Zander unter, die der Fischkäufer nicht zu sehen bekam, da sie das vorgeschriebene Maß nicht hatten

Nicht nur der Fischkäufer kam mit dem Motorkutter

und von Rechts und Gesetzes wegen beim Einholen des Netzes gleich wieder dem Haff zurückgegeben werden sollten. Doch das belastete sein Gewissen nicht. Er war damit nicht allein, und diese Zander standen meist am Abend schon bei Daniel Rose auf dem Tisch. Toennies behielt sie nicht für sich und wollte auch an ihnen nicht verdienen.

Polt im Stichhafen

Hatten die Fischerboote gegen den Wind mit kurzen Schlägen das Haff überquert, kroch Vater Ohlerich aus dem Ruff[22] und half Toennies, das Schleppnetz mit den langen Flügeln auszuspannen. Das Boot wurde vor den Wind gebracht, Schoten und Ruderpinne festgelegt; nun trieb der Wind Boot und Netz langsam über das Haff zurück. Auf diesem Kurs konnte auch der Mann an Deck neben dem angepflöckten Ruder einen Halbschlaf halten. Doch Toennies saß mit wachen Augen auf der Ducht[23] und blickte zum fernen Ufer hinüber, hinter dessen grünen Rohrsaum das ganze Dorf mit Gehöften und Katen weit ausgebreitet lag.

Wer jetzt den schönen Kieker hätte, der bei Kapitän Langhinrichs am Ofen hing! Toennies deuchte, daß Appelbooms Schornstein ein feiner Rauch entwich, der sofort vom Winde gepackt wurde. Toennies

---

[22] Überdachter Teil im vorderen Bereich des Zeesbootes.
[23] Sitzbank im Boot.

schaute nach seiner Uhr. Ja, es war an der Zeit, zu der Falk mit seinem Stuhlwagen[24] von der Bahnstation zurückkommen konnte. Falk war zum Hamburger Zug bestellt worden.

Wäre nicht bis weit hinaus flacher Grund gewesen, über den man nur mit einer Polt[25] staken konnte, hätte Toennies mit seinem Fischerboot so dicht herantreiben können, daß man über Rohr und Wiese hinweg den Stuhlwagen am Wege halten sah. Jetzt standen dort gewiß alle erwartungsvoll bereit. Nicht nur der alte Appelboom, dessen »Leute« wieder ihren Einzug hielten und für den es Pflicht war, zur Stelle zu sein, auch Annemieke in ihrem neuen hellen Sommerkleid mit der weißen Schürze, Tanten Anna und Clara, Seite an Seite wie zwei hagere, schwarze Vögel, mit schief geneigtem Kopf, und Alma natürlich auch. Alma ließ sich niemals etwas entgehen! Und alle faßten gleich eifrig an, trugen Taschen und Schirme und was solche Fremden sonst bei sich führten, hinein ins Haus.

Der alte Ohlerich stieg aus dem Ruff. Er fühlte selbst im tiefsten Schlaf, wenn der Augenblick gekommen war, an Deck zu erscheinen und das Netz einzuholen. Die anderen Fischerboote waren zum Teil schon dabei. Toennies hievte, der Vater packte mit beiden Fäusten zu. Jetzt konnte man nur an die Arbeit denken. Hinterher ging es ohne Versäumen in neuen Schlägen gegen den Wind wieder auf das Haff hinaus. Alles, was an Land geschah, blieb dann weiter und weiter zurück. Zuletzt war nur noch ein schmaler grüner Streifen mit hohen Bäumen und niedrigen Firsten zu sehen, über den Wind und Wolken zogen.

---

[24] Eine Art einfache Kutsche, ein speziell zur Personenbeförderung angefertigter Pferdewagen.
[25] Kleineres Ruderboot mit flachem Boden.

VII.
»Hand- un Spanndeinst bien Weg«

Peter Appelboom traf mit der Messingglocke unter dem Arm in die Schneiderstube ein, setzte sich, nahm die Mütze vom Kopf, legte sie auf das Knie und zog seinen Zettel vom Schulzen heraus. Tanten Anna und Clara waren grade dabei, sich zum Weg ins Kirchdorf[26] zu rüsten. Sie hatten schon ihre guten Kleiderschürzen angebunden und ihre schwarzen Ledertaschen zur Hand genommen. Aber sie gingen sofort mit Appelboom zurück, um zu hören, was er ausklingeln sollte. Anna nahm die Brille aus dem Pappfutteral, hakte sie über die Ohren und las, was der Schulze aufgeschrieben hatte.

Das ist nun nicht etwa so zu verstehen, daß Peter Appelboom nicht lesen könnte. Er las ebenso gut wie jeder andere im Dorf. Aber der Schulze schrieb alle Ankündigungen für die Gemeinde auf Hochdeutsch auf, und Hochdeutsch wollte nun einmal nicht in seinen Kopf.

Tante Anna zog die Brille wieder hinter den Ohren heraus und verdeutschte die Botschaft:

»Morgen Klock söben, Hand- un Spanndeinst bien Weg. Ut jeden Haus een Mann an een Spaten ok. All Buern führn Kies.«

Appelboom nickte. Das war nicht weiter schwer zu behalten. Er nahm den Zettel zurück, faltete ihn wieder ein und schob ihn in die Mütze, denn der Zettel mußte mit durchs Dorf. Es konnte ja einer kommen und fragen, ob es auch wahr sei, was er ausgerufen hatte. Dann war das Papier mit dem Stempel darauf gleich zur Hand.

Peter Appelboom schaute von seinem Stuhl gemächlich zu, wie Tanten Anna und Clara sich weiter zu rüsten begannen.

»Setz dann die Kartoffeln auf, Annemieke«, erinnerte Tante Anna in der Tür.

»Aber nicht zu früh«, fügte Clara hinzu.

»Vergiß nicht, den Hühnern zu geben«, sagten beide. »Und wenn jemand kommen sollte – – aber wir sind dann ja wieder zu Haus.«

Annemieke nickte, und das feine Kettchen mit dem rotbraunen Bernsteintropfen nickte eifrig mit. Obwohl kein Sonntag war, wollte Anne-

---

[26] Frühere Bezeichnung für Wustrow.

mieke die schöne, neue Kette heute noch von früh bis spät tragen, um sich immer wieder daran zu erfreuen.

»Und vergiß nicht den Spinat«, Tante Anna war noch einmal zurückgekommen.

»Ja, vergiß den nicht«, fügte Clara hinzu. Dann machten sie die Pforte zur Straße auf und Appelboom folgte ihnen langsam nach.

Tanten Anna und Clara schritten rüstig aus, und jeder wußte, daß sie zum Kirchdorf gingen, um Kurzwaren für ihre Nähstube einzukaufen. Das geschah nämlich einmal in jedem Vierteljahr. Sonst gingen sie eigentlich nur zu hohen Festtagen aus dem Haus, um die Kirche und anschließend den Friedhof zu besuchen, wo ihre Eltern unter weißen, abgeblätterten Holzkreuzen lagen. Dann trugen sie aber außer der Tasche ihr Gesangbuch unter dem Arm, und ihr Schritt war bedächtig, wie es sich für dieses Ziel gehört.

Peter Appelboom schaute ihnen ein Weilchen nach. Ihm kam dabei der Gedanke, daß es vielleicht mit der Zeit nicht ganz so war, wie man sonst glauben mußte. An Tanten Anna und Clara konnte man eindeutig erkennen, daß die Zeit auch stillzustehn vermag. Er hatte Tanten Anna und Clara von jeher schon so vor sich hergehen sehen. Immer an Sommertagen trugen sie diese schwarzen Kleiderschürzen mit dem hellen Graupenmuster darin. Immer schon stießen sie mit Schultern und Armen zusammen, weil sie sich so dicht aneinander hielten. Und sobald ihnen einer entgegenkam, blieben sie stehen, um ein Wort zu reden.

Appelboom ging in die nächste Tür hinein, obwohl es dort nichts anzusagen gab, denn Daniel Rose war wegen seines krummen Fußes vom Hand- und Spanndienst der Gemeinde befreit. Aber er wollte Daniel vorweg erzählen, was dann das übrige Dorf zu wissen bekam.

»Ja, so is dat all in de Welt«, sagte Daniel Rose, nachdem Appelboom seine Botschaft verkündet hatte.

»Jedes Jahr ist es gleich, Daniel«, seufzte Peter Appelboom. »Ich habe mit allem ja nichts zu tun, seit mir das Haus nicht mehr gehört. wenn jeder Steuerzahlen geht, bleibe ich zu Haus, denn das Geld wird immer von Hamburg aus geschickt. Das kann sein Gutes haben. Nur, wenn sie nicht da sind, ist das Haus noch wie meins, auch wenn man nicht in der Stube an seinem alten Fenster sitzen tut, von dem aus man alles draußen sieht. Aber man könnte mal in die Stube sehen. Doch wenn sie erst da sind, ist auch die Stube fort und man sitzt in seiner Kammer allein.«

Daniel Rose nickte und legte endlich seinen Schuh aus der Hand. Es kam ihm nicht weiter verwunderlich vor, daß Appelboom sich weniger ausgebootet fühlte, wenn er allein in seinem Hause saß.

»Nur daß man das im Winter immer wieder vergißt und sich sogar ein bißchen freut, wenn sie dann kommen wollen«, fuhr Appelboom nach langer Pause fort. »Aber er ist gut, und die Frau ist auch gut, und der Junge, ihr Schwesternsohn, auch. Der ist jetzt eigentlich kein Junge mehr, sondern ein Herr. Er geht auf eine hohe Schule und lernt Musik. Ich wollte ›Sie‹ zu ihm sagen, aber das will er nicht. Mir wäre es bald lieber. Denn er ist ja nicht von hier.«

Peter Appelboom schwieg so lange, daß Daniel wieder nach seinem Schuh griff. Da zog Appelboom ein Taschentuch heraus, ein noch neues, hübsch nach der bunten Kante zusammengefaltet. »Kiek«, sagte er und legte es flach auf die ausgestreckte Hand. »Das haben sie mir mitgebracht. Einen ganzen Kasten voll davon. Und außerdem noch Priem, viel Priem.«

Daniel fing sachte zu hämmern an. Geschenke interessierten ihn nicht. Man brauchte sich von fremden Leuten nichts schenken zu lassen. Man konnte mit dem auskommen, was man besaß. Priem? Gewiß, ein Priem war gut. Aber so viel brachte man immer zusammen, daß man was in der Backentasche hielt. Langte es dazu nicht mehr, war auch der Rest nichts mehr wert.

Appelboom begann sich zu ereifern, damit Daniel Rose wieder zuhören sollte. »Was die Annemieke ist, so hat sie eine Kette bekommen, weil sie immer das Haus fertig macht, eine silberne Kette, vorn hängt ein Bernstein dran –«

Daniel Rose hämmerte ohne Unterlaß.

»Und Ortwin hat Annemieke Schokolade mitgebracht, jeder Bissen bunt eingepackt.«

Nun hämmerte der Schuster so laut, daß Appelboom sich nicht mehr verständlich machen konnte. Aber er saß noch eine ganze Weile dabei und schaute der Arbeit zu. Er fühlte in der Werkstatt eine Geborgenheit, und in Daniels Nähe glaubte man immer, man könnte eines Tages doch hinter alles Verwunderliche kommen, selbst wenn Daniel nicht sprach und von den schönen Geschenken nichts hören wollte.

Es drang ein heller, klingender Ton von draußen herein. Andere Töne folgten. Sie wuchsen zu einer langen Melodie. Daniel Rose hörte zu hämmern auf. Sein Schuh blieb gewissermaßen zwischen Hand und Hammer stecken. Er hielt den Kopf schief und lauschte hinaus. In seine Augen trat ein Glanz und um den Mund breitete sich langsam ein Lächeln aus.

»Schön«, sagte Daniel Rose verklärt und hielt den Kopf noch immer geneigt, auch als nichts mehr zu vernehmen war.

»Das ist unser Junge. Er hat seine Musik mitgebracht, eine Violine,« sagte Appelboom stolz, und damit, daß er dieses sagen konnte, hatte er Daniels Teilnahmslosigkeit vergessen. Er stand auf und schob die Messingglocke unter den Arm. Es war Zeit, durch das Dorf zu gehen. Vom Süderende bis zum Norderende war ein langer Weg, und für jedes Haus mußte geklingelt und ausgerufen werden.

VIII.
Ortwins Geigenspiel

Annemieke war gleich in den Garten gegangen, um den Spinat zu pflücken. Nur die Kartoffeln zum Mittag hatte sie schnell noch geschält, doch mit dem Aufsetzen hatte es lange Zeit. Waren Tanten Anna und Clara einmal ins Kirchdorf gekommen, konnte es später Nachmittag werden, ehe sie zurückkehrten.

Sie vergaßen die Zeit, wenn im Laden nach Auswahl und Einkauf das Berichten und Erzählen begann. Und wievieles geschieht nicht in einem Vierteljahr auf dem Dorf!

Gewiß, in den Städten, den großen wie den kleinen, ist ebenfalls schon jeder einzelne Tag an Ereignissen überreich. Aber man weiß nur von seinem eigenen, kleinen Kreis und ahnt nicht einmal, was sich rundum in den ungezählten fremden Stuben und Kammern ereignet. Auf dem Dorfe dagegen liegt jedes offenbar. Selbst wenn man sorgsam Türen und Läden vor dem Nachbarn verschließt: Freude und Kummer, Ehre und Scham wehen wie mit dem Wind über jeden Zaun. Krankheit, Geburt und Tod, ein böses und ein nur unbedachtes Wort fliegen wie mit den Vögeln von Baum zu Baum. Jeder, der seines Weges zieht, nimmt von einem zum andern etwas mit und tut auch das seine noch dazu, wenn der Mund es zum nächsten Ohr weiterträgt.

Der rotbraune Bernsteintropfen leuchtete in der Sonne auf, als wäre er ein goldener Schrein, in dem ein Geheimnis verborgen ruht. Annemieke hielt ihn wieder und wieder gegen das Licht. Man schaute durch ihn hindurch, und es war darin nur ein kleiner, gelblicher Schatten zu finden.

Man sah gewiß nicht alles, was es auf der Erde gab. Es war manches da, von dem man nur aus den Büchern und vom Erzählen wußte. In ganz frühen Zeiten aber hatten die Menschen noch Elfen und Wassernixen gekannt, hatten bei ihnen tief im Gebirge und auf dem Meeresgrunde gelebt, waren verwunschen und verzaubert worden, und hinterher wurde ihnen alles Glück der Welt zuteil. Nur heute sagten die Leute, daß alles Märchen seien, und lachten, wenn man in Märchenbüchern las. Doch Kapitän Langhinrichs hatte ihr einmal selbst beschrieben, wie er in der Südsee das Gespensterschiff traf und für einen Augenblick die große Seeschlange auftauchen sah.

Vielleicht waren die Menschen in früheren Zeiten klüger gewesen, oder der, der nichts glaubte, bekam zur Strafe auch nichts zu sehen. Und sollte es wirklich nicht wahr sein, daß es Engel gab, die hoch über allen Wolken flogen und auf die Erde kamen, um Kindern und guten Menschen beizustehen? Die Wolken sahen ja selbst manchmal wie lichte, geflügelte Gestalten aus. Jetzt gerade zog über Falks Gehöft eine leichte Wolke dahin, die durchscheinend feine Flügel besaß.

Annemieke hockte vor ihrem Beet und blickte der Wolke nach. Die Wolke wandelte ihre lichte Gestalt in ein schmales Boot, auf dem hoch ein leuchtendes Segel stand. Sie fuhr über das Haff dahin und spiegelte sich im tiefen Blau. Nun löste das Boot sich lautlos im Himmel auf. Verwehende Schleier blieben von Boot und Segel zurück, doch bald darauf war die Luft wieder so klar, als sei nichts geschehen.

Annemieke trug ihre Drahtschwinge[27] mit den grünen Blättern zum nächsten Beet. Da hörte auch sie den hellen, klaren Ton, der in eine frohe Melodie überging. Sie richtete sich auf und schaute sich nach allen Seiten um. Hummeln summten um die Erbsenblüten, Schmetterlinge saßen auf den gelben Ringelblumen und bebten im Sonnenschein. Hinrich stampfte in einer blauen Trägerhose über seiner braungebrannten Brust an der Wiese entlang und pflückte Federnelken. Woher kam die wunderschöne Musik?

Annemiekes Blick fiel in den Krügerschen Garten mit den bunt leuchtenden Staudenrabatten. Vor dem Hause stand Ortwin und spielte die Geige, die er gestern in ihrem dunklen Kasten sorgsam vom Wagen gehoben hatte. Jetzt setzte er den Bogen ab und rief etwas ins Haus. Nun trat er ein paar Schritte weiter in den Garten hinaus und fing wieder zu spielen an.

Annemieke stellte den Korb hin und ging langsam in den Krügerschen Garten hinein. Sie ging auf Zehenspitzen, als könnte die Musik sonst schweigen. Ortwin stand noch immer mit seinem über die Geige gebeugten Kopf und strich den Bogen auf und nieder. Manchmal stand der Bogen fast steil in der Luft, dann wurde er blitzschnell herabgezogen, und die Töne sprangen unter ihm hinaus. Die Sonne funkelte in der glänzenden Geige. Ortwin hatte den weißen Waschanzug an, den er

---

[27] Ein Drahtkorb.

letzten Sommer immer trug, wenn Kapitän Langhinrichs ihm die Jolle zum Segeln gegeben hatte. Er war aus dem Anzug herausgewachsen, und daran sah man erst, wie groß er inzwischen geworden war.

Ortwin hatte Annemieke entdeckt. Er nahm die Geige vom Kinn und lachte: »Magst du das gern hören?«

Annemieke nickte stumm.

»Das macht auch Spaß. Ich will täglich spielen und fleißig üben.« Er klimperte mit den Fingern auf den Seiten. »Du hast es uns wieder so schön in Haus und Garten gemacht. Gestern konnte man vor Freude noch gar nicht alles übersehen.«

Annemieke strahlte.

»Und du nähst noch immer bei Tanten Anna und Clara?« fragte er. »Ich meine«, setzte er schnell hinzu, »ob dir das auf die Dauer nicht langweilig ist?«

»Langweilig? Nein! Jetzt will Tante Clara mir zeigen, wie man zuschneidet. Das ist gar nicht so einfach.« Annemieke machte ein ernstes Gesicht.

»Glaube ich schon.« Ortwin hatte die Geige in den Kasten gelegt, der offen auf der Gartenbank stand. Er breitete ein Stück Sammet über das Instrument und schloß den Kasten sorgfältig zu. »Du, es ist wieder so wunderschön hier«, sagte er. »Aber am besten gefällt mir, daß du ganz unverändert geblieben bist. Du siehst genau so aus, wie im letzten Jahr und alle Jahre vorher. Ich hatte schon richtig ein bißchen Angst, ehe ich herkam. Ich mag nämlich nicht, wenn alle sich immer verändern. Darum habe ich mir gleich meinen alten Anzug wieder hervorgeholt, obwohl er in allen Nähten kracht. Zum nächsten Jahr müssen Tanten Anna und Clara versuchen, ihn weiter und länger zu machen.« Er blickte sich um. »Schade, daß kein rechter Wind ist, sonst könnten wir vor Tisch noch einen kleinen Schlag segeln. Aber ich muß erst mal zu Kapitän Langhinrichs gehn, ob er mir die Jolle auch wieder geben will. Das wird er doch tun, meinst du nicht?«

»Bestimmt, Ortwin, er sagte es schon.«

»Komm ein bißchen mit«, bat Ortwin.

Aber Annemieke dachte an den Spinat, der gewaschen werden mußte, und zwar mehrere Mal, weil er immer sandig war. Auch das Feuer auf dem Herd durfte nicht ganz ausgehen.

»Zum Segeln kommst du aber manchmal mit?« fragte Ortwin. »Immer allein im Boot ist nämlich nicht schön.«

Annemieke versprach ihm das gern.

Da ertönte Appelbooms Glocke vor dem Haus. Gleich darauf rief er mit lauter Stimme:

»Morgen Klock söben, Hand- un Spanndeinst bien Weg, ut jeden Hus een Mann un een Spaten ok. Alle Buern führen Kies!«

»Mir und meiner Ankunft zu Ehren«, lachte Ortwin und rieb sich vergnügt die Hände. »Schipp, schipp, hurrah! So was mache ich gern mit! – Dann adschüs – ich laufe mal zu Kapitän Langhinrichs!«

Er sprang davon. Auf dem Landweg fuhr das graue Auto vom Doktor schnaufend durch die tief ausgefahrenen Furchen zum Krug hinauf. Annemieke blickte ihm nach. Gewiß wollte der Doktor sich nur ein Glas Bier geben lassen. Das tat er in letzter Zeit öfter. Denn sie hatte nichts davon gehört, daß jemand in der Nachbarschaft krank sei.

Annemieke dachte noch lange über Ortwin nach. Irgend etwas war anders an ihm geworden als früher. Nicht, weil er gewachsen war. Sie war ja auch seit dem letzten Summer gewachsen. Doch als er spielte, hatte er ganz fremd ausgesehen: als wäre er eigentlich gar nicht da. Als er dann vom Segeln sprach und sich auf den Hand- und Spanndienst freute, war er wieder wie früher gewesen.

IX.
Der große Brand[28]

Am Anfang des Dorfes, ein gutes Stück unterhalb des Kiels hatte die Arbeit begonnen, zu der der Schulze seine Gemeinde zusammenrufen ließ. Es war nicht das erste Mal, daß der Landweg gebessert werden mußte. In jedem Jahr, sonst meist im Frühling, zog Vater Appelboom mit dem Aufruf zur Wegearbeit von Haus zu Haus. Doch hatte der letzte Winter ungewöhnlich lange gewährt und die Frühjahrsbestellung spät eingesetzt.

Die Sonne brannte, aber ein erfrischender Luftzug aus Osten wehte über das Land. Die Gruppe, die an dieser Wegstrecke eingesetzt war, hatte die Höhe des Kruges erreicht. An den dicken Weiden entlang fuhr schwerfällig knarrend ein Bauernwagen mit einer neuen Ladung Kies, der letzten vor der Mittagsstunde.

Toennies stand tief im Graben und wuchtete die schwarze, von Gras und Nesseln durchwurzelte Erde empor. Schiffer Langhinrichs schichtete die Klumpen gemächlich und säuberlich am Rande des Grabens auf. Zuerst hatte auch Toennies in Annemiekes Nähe gestanden und ebenfalls mit dem Spaten die Wagenfurchen eingeebnet. Doch schien ihm diese Arbeit mehr etwas für Frauen und Mädchen zu sein. Er ließ Annemieke und Ortwin zurück und begab sich an ein Werk, bei dem ein Mann seine Kräfte und seine Ausdauer besser beweisen konnte. Er war ja auch in seinem Garten nicht ganz aus der Welt. Mit jedem Spatenstich tauchte er wieder auf und zeigte sein unverdrossenes, schweißglänzendes Gesicht. Mitunter rief er auch ein Wort in die Gespräche hinein, die die klare Sommerluft mit dem frischen Wind von der Höhe weitertrug.

Anfangs war ein jeder stumm, sogar ein bißchen verbissen gewesen; denn es ist nun einmal nicht anders in der Welt, als daß man zuerst an das Seine denkt. Der eine hätte eigentlich im Garten zu hacken und zu jäten gehabt, der andere wollte dringend auf sein Feld. Der eine hatte gerade sein Netz ausgespannt, um es zu teeren, und Vater Ohlerich hatte sogar sein Boot im Hafen auf dem Slip und verlor nun viel kostbare Zeit. Es war für jeden der Inhalt auch dieses Tages schon vorher festgelegt,

---

[28] Brand in der Fulge Althagen am 11. Juni 1930, bei dem sechs Büdnerhäuser zerstört wurden.

wie der Mensch des Landes nach Wetter und Wind zu planen und zu rechnen pflegt.

Der Bauer hatte mit seiner Fuhre die Gruppe erreicht. Jeder hielt mit der Arbeit inne, stützte sich auf den Spaten und blickte vom Hang hinab über das langgestreckte Dorf, das mit einzelnen Büdnereien an den Rohrsaum des Haffs heranwuchs, durch einen Deich vor Überschwemmung geschützt, und dann leise anstieg, wo unter Weiden und Silberpappeln große Gehöfte lagen und die niedrigen Fischerkaten verdeckten, die sich dicht um den Hafenarm klüngelten.

Die Büdnereien hinter dem Deich waren paarweise erbaut, als suchte jede beim Nachbarn ihren Schutz. Und immer schob sich ein Paar ein wenig vor das andere vor, um auch seinen Anteil an der Sonnenseite zu haben. Unter den alten Kirschbäumen, die nach Süden die Hausfronten in Reihen begleiteten, unter den knorrigen Äpfel- und breit ausladenden Sommerbirnbäumen, die der Wind am besten zu schütteln verstand, waren die alten Rohrdächer kaum zu erkennen, auf denen die verrußten Schornsteine paarweise saßen. Hier wohnten die ärmsten Leute des Dorfes: Der alte Kuhhirt mit seinem halben Dutzend verwaister Enkelkinder, die Witwe eines Matrosen, Fieken Waterstraat, und einige andere Leute, denen es niemals im Leben so recht geglückt war. Ihre Kühe waren überaltert und standen vor dem Katen auf der Wiese, weil sie den langen Weg zur Gemeindeweide nicht mehr bewältigen konnten. Und doch blühten Blumen auch hier, wie überall im Dorf. Ja, die gelben Köpfe der Sonnenblumen reckten sich nirgends so hoch, und halbwilde Rosen krochen durch die verwahrlosten Hecken und konnten mit ihrem Blühen kein Ende finden.

Unermüdlich wogte das hohe Rohr hinter dem Deich. Mit seinen vielen, kleinen Buchten breitete sich das Haff tiefblau in der Mittagesonne aus. Der Ostwind strich darüber hin und ließ das Wasser ab und an dunkel werden, als gösse er eine dünne Schicht flüssiges, schwarzes Metall vor sich aus. Nur in den Buchten stand das Wasser still und spiegelte die hohen, winkenden Halme wieder. Es war wohl wert, daß man einen Augenblick, über den Spaten gestützt, auf der Anhöhe stand und die Welt zu seinen Füßen betrachtete.

Wer es zuerst entdeckte und ein lähmendes Gefühl des Entsetzens erfuhr, ehe der Ausruf über die Lippen drang: »Es brennt!«, wußte hinterher keiner mehr. Denn unmittelbar darauf wurden die Spaten zu Boden geworfen. In alle Himmelsrichtungen stürzten die Leute davon. Die einen hinunter zu dem Katen, aus dessen Dach jetzt weithin sichtbar eine helle Flamme schlug, die anderen zum Spritzenhaus[29] der Freiwilligen Feuerwehr. Andere wieder heim in den Flur, wo neben Helm und Hacke, Beil und Gurt das Horn hing. Die Dorfstraße abwärts laufend, gaben sie mit zitterndem Munde das Feuersignal, das hohl und aufpeitschend zugleich bis in das Nachbardorf drang, und dort alsbald seine Antwort fand: »Tut – – tut-tut – – tut – – tut-tut!«

Die Flammen hüllten das Rohrdach schon ein. Schwarz wälzte sich der Rauch durch Buschwerk und Baum. Schweine schrieen im Stall. Frauen jammerten, Kinder liefen ratlos und weinend umher. Von Süden und Norden strömten die Menschen herbei. Viele mit klappernden Eimern, um gleich vom Haff bis zum Feuer eine Kette zu bilden. Jetzt kamen die ersten Leute vom Spritzenhaus mit ihrem Löschgerät. Eine Peitsche knallte fern, Hufe schlugen auf. Bauer Falk jagte seine Pferde, die die Handpumpe zogen. Wie wilde Jagd ging es den Hang hinab.

Gellende Rufe aus vielen Kehlen stießen in die Luft. Ein Windstoß hatte ein Bündel loderndes Rohr vom Dach gepackt und sauste mit seiner Beute davon, dem nächsten Doppelkaten entgegen. Und schon schoß auch dort eine Flamme empor. Der Himmel wurde grau. Beißend und glühend die Luft. Von Männern und Frauen und Kindern wurde die Handpumpe über den Deich geschoben. Jeder war von wildem Eifer und Entsetzen gepackt.

Aus dem Katen, den soeben das Feuer ergriffen hatte, wurden Möbel, Betten und Geschirr geschleppt. Toennies brachte eine hölzerne Schiffskiste heraus, die er auf beiden Armen trug, am Deich fallen ließ, um sofort in das Haus zurückzustürzen und mehr zu retten.

Annemieke stand mit fünf anderen Leuten an dem einen Schwengel der Pumpe. Auch auf der anderen Seite standen sechs Mann. Die Schwengel gingen unablässig auf und ab. Aus dem Schlauch, den die Feuerwehrleute bis an den Katen herangezogen hatten, kam jetzt ein dünner Wasserstrahl, der zischend in dem flammenden Dach verschwand. Die Feuerwehr stieß mit Äxten und Beilen die brennenden

---

[29] Damaliges Gerätehaus der Feuerwehr in Althagen.

Der Brand

Lehmwände nieder, um den Brandherd einzudämmen. Aber alles schien vergeblich zu sein.

Aus dem Nachbardorf kam eine zweite Pumpe an, wurde zum Wasser geschoben, und Frauen und Mädel stellten eine neue Mannschaft bei den Schwengeln zusammen. Weit über das Haff zogen die Rauchschwaden davon. Alle Augen tränten, Schweiß rann über alle Gesichter. Bei dem Rufen und Schreien der Feuerwehr, dem Weinen der Kinder, Brüllen der Kühe und angstvollem Gackern der Hühner wurden viele Menschen nicht einmal gewahr, daß nun auch der dritte, der letzte Doppelkaten, Feuer gefangen hatte. Ja, das Grauen über die Machtlosigkeit und die Verzweiflung hatten so überhand genommen, daß sie dieses neue Unglück nicht mehr auffassen konnten. Man hatte es längst gesehen, wie erfolglos alle Versuche waren, das Feuer zu bekämpfen. Die ganze Welt schien zu brennen, alles dem Untergang geweiht zu sein!

Wie von Sinnen schleppten die Frauen noch Möbelstücke, Kleidung und Haushaltgerät hin und her. Die einen warfen ihre Last zwischen den Hecken ab, andere packten sie wieder, um sie auf die Wiese hinauszuzerren. Jetzt wurde eine Nähmaschine auf den Deich geschoben und plötzlich verlassen, weil brennendes Rohr in der Nähe herumflog. Der Funkenregen fiel auf ein Bündel mit Betten; es ging in wenigen Augenblicken in Flammen auf. Und es wäre kaum mehr verwunderlich erschienen, wenn sich die glühend heiße Luft zu loderndem Feuer verwandelt hätte.

Dieses war der furchtbarste Brand, den das Dorf seit Menschengedenken erlebt hatte. Aber noch jedenfalls schien kein Menschenleben verloren.

Daniel Rose war es, der im letzten Augenblick seinen Stock fallen ließ, um mit beiden Händen Ortwin an der Jacke zu packen. Die Katastrophe hatte Ortwin um jede Besinnung gebracht. Er wollte in den letzten brennenden Katen laufen, um irgendetwas zu retten. Ja, in seinem Unverstand stürzte er auf die Haustür zu, über der das flammende Rohr herunterfiel. Zu gleicher Zeit kletterte Toennies über den schwelenden, mit Pappe gedeckten Stall, aus dem die Schweine soeben herausgelassen worden waren, drückte mit beiden Armen das Giebelfenster ein und wurde dann im Qualm unsichtbar. Er konnte keinen Atem mehr holen, so glühend heiß war die Luft. Er hörte Wimmern. Er zog Fieken Waterstraat aus der Ecke der Kammer, trug sie zum Fenster, nahm sie quer über seine Schulter und wagte mit ihr vom brennenden Schuppen den Sprung hinab. Unten fingen Feuerwehrleute beide auf. An Fieken Waterstraat hatte in der Verwirrung keiner gedacht. Sie wäre ein Opfer des Feuers geworden.

Die Sonne neigte sich. Noch immer gingen am Rohr die beiden Pumpen auf und nieder. Erst jetzt kam jemand auf den Gedanken, die Mannschaft dort unten abzulösen. Keiner konnte seinen Rücken mehr grade strecken, alle Handflächen waren von Blasen geschwollen. Vom Krug wurde ein Eimer kalter Tee gebracht, und ein Tassenkopf machte die Runde, aus dem jeder gierig trank. Dann ließ sich die Mannschaft erschöpft neben der Pumpe ins Gras fallen, um sich doch nach wenigen Minuten wieder aufzuraffen und zu sehen, wo noch Hand angelegt werden konnte.

Die Flammen waren inzwischen um die niedergebrannten Katen zusammengesunken. Verkohlte, rundum glimmende Balken häuften sich dort, wo viele Menschen ihre Herdstatt gehabt hatten. Die hohen alten Bäume ließen ihr Laub in verwelkten Fetzen hängen, und noch immer war die Luft von beißendem Qualm erfüllt. Doch jeder Windstoß lichtete die Brandstellen auf und ließ die Verwüstung sichtbar werden.

Annemieke begann mit zitternden Knieen herumgeworfene Kleidungsstücke aufzusammeln. Sie hielt sich von der Brandstätte ein wenig fern, um die sich die Menschen dichter und dichter scharten; denn aus den umliegenden Dörfern waren viele auf Rädern gekommen, und wenn sie nichts mehr zu helfen fanden, wollten sie wenigstens etwas von dem Unglück sehen.

»Die nehme ich erstmal zu mir mit«, hörte Annemieke plötzlich Alma hinter sich sagen. Alma hatte an jeder Hand ein Kind, die beiden jüngsten aus der Enkelschar, die der alte Kuhhirt großzumachen versuchte. Es waren zwei kleine Jungen in zerrissenem, beschmutztem Zeug, die Gesichter von Ruß und Tränen bis zur Unkenntlichkeit verschmiert. Der eine hielt in seinen schwarzen Händen ein kleines Schiffsmodell, sein Liebstes auf der Welt. Beide schauten mit ihren verweinten Augen vertrauensvoll zu Alma auf.

»Sie kommen in meiner Kammer in mein Bett«, sagte Alma. »Mutter wird es schon recht sein. Mutter konnte nicht helfen kommen. Der lütte Buer ist nämlich krank –«. Alma flüsterte, als wagte sie nicht, laut davon zu sprechen. »Er will nicht trinken. Mutter mußte bei ihm bleiben.«

Da sauste der graue Wagen des Doktors über den Hang und stoppte vor einer Gruppe redender Menschen. Der Doktor sprang heraus.

»Ist etwas geschehen?« Annemiekes Herz begann laut zu klopfen. Aber Alma stieg mit den Jungen schon auf den Deich und strebte mit ihnen nach Hause.

Noch dichter schoben sich die Menschen um den letzten niedergebrannten Katen. Annemieke sah sich plötzlich völlig allein und ging nun auch langsam der Brandstelle zu. Sie erblickte von weitem Tanten Anna und Clara, deren Haarknoten sich gelöst hatten, so daß beiden der dünne Zopf mit dem braunen Bändchen auf den Rücken hing. Annemieke sah auch Frau Doktor Krüger, die in ihrer resoluten Art ein paar neugierige Kinder heimschickte und dann wieder in der Menge verschwand. Annemieke stolperte über den Pfosten eines eisernen Bettes, das quer über den Weg lag.

»Sieh so«, sagte Daniel Rose und hielt sie am Arm fest. »Komm Kind, wir gehen. Hier ist nichts mehr zu machen. Du siehst ganz erschöpft aus, lütt Deern.«

Annemieke machte sich los und lief voll Angst der Brandstelle zu. Ein Feuerwehrmann schob sie zurück. Die Grundstücke sollten abgesperrt werden, da überall Funken flogen und die Flammen wieder aufloderten. Noch immer gingen die Pumpen unten am Haff; aus dem einen Schlauch stieg kerzengrade ein Wasserstrahl in die Luft. Er war leck geworden.

Einzelne Gruppen lösten sich. Jeder im Dorf wollte von den Obdachlosen einen mit nach Hause nehmen. Kinder wurden aufgeteilt, und die Brandwachen für den Rest des Tages und die kommende Nacht festgesetzt. Auch Ortwin ließ sich einen Wachtposten geben. Da sagte jemand in Annemiekes Nähe:

»Der Doktor führt Toennies jetzt na Hus. So schlimm mag es dann ja woll nich sein.«

Annemieke drängte sich aufgeregt zwischen den Menschen durch. War Toennies etwas zugestoßen? Sie hatte ihn die ganze Zeit über nicht gesehen, sie hatte nicht einmal an ihn gedacht! Da kam Toennies dicht vor ihr am Arm des Doktors vorbei. Der Doktor schien ihn aber mehr zu tragen, und er hatte ein dickes Tuch um den Hals. Doch Toennies lachte über sein ganzes verrußtes Gesicht und rief zurück:

»Gebt mir Fieken man gleich mit. Ich habe sie ja herausgeholt!«

Der Doktor zog ihn an die Wagentür. »Hast genug mit dir selbst zu tun,« sagte er, und eine Stimme rief Toennies nach: »Fieken ist eben schon ihrer Wege gelaufen.«

Der graue Wagen fuhr den Hang hinauf und verschwand hinter dem Krug. Toennies mußte gleich zu Hause sein. Aber wer half ihm dort, wer sorgte um ihn, wenn er Schmerzen hatte? Annemieke wäre dem Wagen am liebsten nachgelaufen, aber Toennies würde sie gewiß nur auslachen. Toennies war ja nicht wie andere Menschen. Wenn ihm etwas fehlte, lachte er immer nur. Er hatte sogar gelacht, als er sich im letzten Jahr das Schlüsselbein brach, und war böse geworden, sobald jemand davon sprach oder ihn danach fragte. Und doch sollte er damals viel Schmerzen gehabt haben.

Frau Doktor Krüger kam auf Annemieke zu, an jedem Arm eine der Tanten. Beide schluchzten laut, ohne auch nur den geringsten Versuch zu machen, ihre Tränen zurückzuhalten. Im Gegenteil, sie weinten immer fassungsloser, je weiter sie die Brandstätte hinter sich zurückließen.

»Und alles verloren«, schluchzte Tante Anna.

»Kein Bett mehr – kein Handtuch – rein kein gar nichts,« schluchzte Tante Clara.

»Nein, kein gar nichts, wenn man das so denkt –«

»Wir haben doch in der Truhe noch Mutters gutes Leinenzeug von der Aussteuer –«

»Ja, Mutters gutes Leinenzeug –«

»Handtücher auch –«

»Und auf dem Boden noch Großmutters Bett –«

So fiel ihnen immer mehr ein, was sie denen, die nichts mehr hatten, geben konnten. Und für ganz umsonst wollten sie für die Abgebrannten nähen. Beide blieben stehen und schluchzten hell auf.

»Ach, Clara!«

Anna starrte die Schwester mit ihren roten Augen an. »Dann muß ja – dann muß ja auch Fiekens schwarzes Buch verbrannt sein, und wir sind es los im Dorf – Gott sei Dank!« Es klang wie eine ungeheure Erleichterung.

»Was für ein schwarzes Buch?« fragte Frau Krüger interessiert. Aber da fingen Tanten Anna und Clara gleich wieder zu schluchzen an und zwar jetzt wegen der sechs Enkeljungen, die nicht nur ihre Eltern, sondern nun auch noch ihr Heim beim Großvater verlieren mußten. Das war so traurig, und es war zugleich so erleichternd, alle Einzelheiten zu erzählen, daß Frau Krüger vor der Tür der Schwestern Ahrens lange verweilen mußte, um die rührende Geschichte der sechs abgebrannten Waisen vom Anfang bis zum derzeitigen Ende mit anzuhören.

X.
Daniel Rose und die Herrgottsuhr

Nun war es doch gut, daß Ohlerichs Boot auf dem Slip lag. Die schadhafte Stelle herauszufinden, mit Werg zu verstopfen und dann überzuteeren, konnte Vater Ohlerich ohne Hilfe besorgen. Auch keine ungeduldige Jugend würde ihn bei dieser Arbeit drängen und hetzen. Zum Fischen hinauszufahren hätte er allein nicht gekonnt, und Toennies lag ja im Bett.

Toennies lag mit dem frischen Verband, den der Doktor ihm gemacht hatte, starrte die niedrige Decke seiner Kellerkammer an und hatte unendlich viel zu denken. Das war insoweit ein Glück, als die Zeit ihm nicht lang werden konnte. Die Brandwunden an Hals, Brust und Armen waren recht erheblich; er müßte ein wenig Geduld aufbringen, hatte der Doktor gesagt.

Es fehlte Toennies auch an Abwechselung nicht. Pünktlich jeden Mittag erschienen Tanten Anna und Clara und trugen die dampfende Suppenterrine an sein Bett, die gleiche Terrine, in der sie die nahe und weitere Nachbarschaft mit Wochenbettsuppe zu versorgen pflegten. Und ihr Inhalt war ganz gewiß nicht mit weniger Fleiß und Liebe hergestellt. Sie ließen sich auch von Annemieke weder das Kochen noch die feierliche Übergabe aus den Händen nehmen. Sie wollten für ihn, der um eines anderen Menschen willen sein Leben aufs Spiel zu setzen bereit gewesen war, keine Mühe und keinen Weg scheuen.

So war Annemieke noch am ersten Tage zu Toennies gekommen und hatte einen Blumenstrauß aus ihrem Vorgarten mitgebracht: Phlox und Rittersporn mit zartem, in winzigen weißen Sternchen blühenden Schleierkraut. Annemieke war auf Zehenspitzen gegangen und hatte Toennies kaum anzusehen gewagt, denn er wollte es ja nie wahr haben, daß er krank war. So hatte auch Toennies nicht viel Worte gemacht. Doch Annemiekes Strauß mußte am Kammerfenster stehen bleiben, auch als der Rittersporn seine blauen, der Phlox seine roten Blüten Stück für Stück verlor.

Es kam auch Frau Krüger zu Toennies und entfaltete in seiner Umgebung ihre resolute Art. Sie sah auf den ersten Blick, was den anderen völlig entging, weil sie immer nur hinter Toennies lächelnder Miene nach Anzeichen seiner Schmerzen zu fahnden versuchten. Sie holte Besen und Kehrichtschaufel, machte sich aus der Küche einen Lappen zu eigen und fegte und wischte regelmäßig bei Toennies auf. Im Dorf wurde inzwischen von Mund zu Mund weitergetragen, daß Doktor Krüger damit beschäftigt sei, einen Bericht über den Brand und Fieken Waterstraat zu verfassen. Toennies sollte die Rettungsmedaille bekommen, den höchsten Orden, den ein Mensch sich in Friedenszeiten verdienen kann. Etwas Ähnliches jedenfalls hatte Doktor Krüger bei einem Glas Bier zu Kapitän Langhinrichs gesagt. Aber als Toennies davon erfuhr, schüttelte er nur den Kopf und lachte.

Wenn es dann Abend wurde und Vater Ohlerich in seine Koje hinter der Küche gekrochen war, hinkte Daniel Rose gern in das Nachbarhaus. Er wußte, daß junge Leute, die stillliegen müssen, erst spät ihren Schlaf finden können. Dann setzte er sich an Toennies schmales Kammerfenster, nachdem er das Glas mit den welken Blumen am Boden abgestellt hatte, und schaute hinaus. Er hatte hier fast den gleichen Blick wie aus seiner Werkstatt über die Wiese zum Weidenweg bis zum Appelboomschen Haus. Dort brannte hinter vielen Fenstern bis weit in die Nacht hinein Licht. Man sah mitunter durch die dünnen Gardinen Ortwin mit seiner Geige stehen, vernahm aber nichts von seinem Spiel, weil er das Fenster wegen der schwärmenden Falter geschlossen hielt. So sah es gespenstisch aus, wie der Bogen stumm auf und nieder ging, pausenlos.

Daniel Rose wandte sich zurück, um sich zu vergewissern, ob Toennies von seinem Bett aus wirklich nicht mehr als ein Stück vom nächtlichen Himmel mit seinen zahllosen Sternen sehen konnte. In Toennies Kammer brannte kein unnützes Licht; so durfte das Fenster weit geöffnet stehn. Manchmal nur stieß eine Fledermaus wie ein verirrtes kleines Geschoß am Fensterrahmen vorbei und leiser Vogellaut aus dem nahen Rohr unterbrach die Stille der Nacht.

»Würdest du mir wohl, Daniel,« sagte Toennies bittend in die Dunkelheit hinein, »wenn ich erst wieder auf sein kann, deine Schifferorgel ein klein wenig leihen? Oder vertraust du sie mir nicht gern an?«

Daniel Rose erschrak im ersten Augenblick. Diese Bitte hatte noch keiner an ihn zu richten gewagt. Doch er besann sich und nickte schnell und sagte hinterher:

»Die sollst du haben.«

»Es ist ja nur«, meinte Toennies, »daß ich mich gern mal darauf versuchen will. Das ist doch auch Musik.«

Daniel schwieg und neigte den Kopf in die kühle Nachtluft hinaus und rührte sich eine lange Weile nicht.

Da kam wieder die Stimme aus der Dunkelheit zu ihm:

»Daniel, wo ist denn Fieken?«

Daniel Rose lachte ein wenig: »Die hat es richtig gemacht.«

»Ich würde sie zu mir nehmen, Daniel, sie nimmt ja sonst keiner«, sagte Toennies. »Aber ich fürchte, der Alte – der Alte schmisse uns beide aus dem Haus«, fügte er nachdenklich hinzu.

Daniel Rose hatte den Kopf vom Fenster zurückgezogen.

»Ist schon alles gut. Die Fieken ist klüger als unsereiner. Wollten sie in ein Altersheim bringen – Der Schulze war selbst bei ihr, aber sie ließ ihn einfach nicht herein.«

»Wo steckt sie denn?«

»Im Hasenkaten«,[30] sagte Daniel. »Und sie hat recht, denn ein schlechtes Dach ist immer noch besser als gar kein Dach. Ein Haus ist ein Haus. In jedem Haus bleibt man sein eigener Herr, wenn man nur den Willen hat, allein zu sein.«

Er neigte sich wieder hinaus. Es war ein Weilchen still um die beiden. Toennies blickte zur Decke und seine Augen sahen den verfallenen, überwucherten Katen, von dem keiner mehr recht wußte, wessen Eigentum er eigentlich war, so lange hatte niemand mehr darin gewohnt.

»Und da kann sie bleiben?« fragte Toennies plötzlich, als hätte die Sorge ihn überfallen, Fieken könnte selbst von dort noch vertrieben werden.

»Ja, Peter Appelboom hat es herumerzählt. Der Schulze hat es ihm nämlich gesagt.«

Er denkt an Ficken, ging es Daniel Rose durch den Kopf. Es haben im Dorf wohl nicht viele an Fieken gedacht; jeder hat vor ihr Angst. Doch an das schwarze Buch haben alle sofort gedacht. Das ist nun wohl weg. Von dem soll alles Böse gekommen sein. Er schüttelte den Kopf darüber, daß Menschen so abergläubisch sein konnten. Über ihrer Angst verloren

---

[30] So hat Käthe Miethe ihren eignen Katen benannt.

sie jedes Gefühl. Aber Toennies würde Fieken zu sich nehmen – – –
Daniel Rose wurde warm ums Merz. Da ist noch ein Leben ohne Schuld und Fehl, dachte er und stützte sich tief auf die Fensterbank, als wollte er sich daran hindern, zu Toennies zurückzublicken. Dieses Leben soll glücklich werden und keine falschen Wege gehen. Wenn ein Leben falsche Wege gegangen ist, bleibt dem Menschen nichts anderes mehr zu erfüllen, als sein Geschick bis an das Ende seiner Tage still zu tragen.

Daniel Rose blinzelte mit den Augen, als wollte er schätzen, wie weit es bis zu den Sternen sei.

»Manchmal darf man nicht lange warten«, sagte er nach einer Weile, »muß bald auf sein Ziel zugehen.«

Toennies richtete sich ein bißchen auf. Er verstand Daniels Worte nicht ganz.

»Manchmal muß man sein Leben in die Hand nehmen können«, fuhr Daniel fort, »und muß sich ein bißchen zutrauen, daß man auch ein anderes Leben mittragen kann.«

Toennies legte sich wieder zurück. Er hatte Schmerzen, sobald er den Kopf hob. Daniel Rose sprach wohl auch nur zu sich selbst, dachte er, aber er hörte doch weiter vom Bett aus zu.

»Man muß nämlich sehen, daß es uns nicht entgleitet, muß nicht glauben, daß alles von selbst kommen wird. Der da oben« – – Daniel richtete sich hoch, als hätte er über sich einen, den es jetzt anzusprechen galt – – »zieht manchmal den Vorhang ein wenig auf, damit man erkennen kann, wie er es meint, und was er für uns bereithalten will. Aber alles, was daraus werden kann, stellt er dann uns selbst anheim. Er überläßt es uns auch allein, zu sehen oder zu übersehen, wenn der Vorhang ein wenig auseinander geht. Doch hat er uns wiederum etwas in die Brust gelegt, das uns helfen und führen soll. Das ist eine Art Herrgottsuhr, die manchmal hörbar schlagen kann. Dann ist es Zeit. Die zeigt uns alles an, Toennies, die zeigt uns alles an!«

Toennies erhob sich leise stöhnend ein wenig. Hatte Daniel doch zu ihm gesprochen?

Daniel Rose stand auf: »Ja, du sollst meine Schifferorgel haben«, sagte er und schloß das Fenster, denn nun war es für beide Schlafenszeit. Er stellte den welken Blumenstrauß wieder auf die Fensterbank, sagte »Gute Nacht auch«, und ging hinaus.

Auf dem kurzen Heimweg freute sich Daniel Rose, daß er das Fenster bei Toennies geschlossen hatte. Denn drüben im Appelboomschen Haus wurde die Tür weit aufgemacht. Ein heller Lichtschein floß breit heraus und führte Töne der Geige mit. Doktor Krüger ging seinen Gartenweg entlang und blieb unter dem Sternenhimmel stehen, als lauschte auch er von draußen der Musik.

XI.
Almas Sorgen

Kapitän Langhinrichs saß auf seiner Bank und schnitzte den Rumpf eines kleinen Schiffes. Hinrich und die beiden Enkelkinder des Kuhhirten drängten sich zu seinen Seiten, damit ihnen nichts vom Schiffsbau entging. Sie verfolgten mit offenem Munde jede Bewegung des scharfen Taschenmessers. Das kleine, beim Brande gerettete Schiffsmodell stand zu Langhinrichs Füßen im Grase.

Hinter dem Rohr flatterte das Großsegel der Jolle. Das Piekfall war noch nicht gestreckt, so konnte der Wind sich im Segel blähen. Am Hafenarm saß Ortwin in der Polt und wartete geduldig auf Annemieke.

Seit es schlecht mit dem lütten Buern stand, war Schiffer Langhinrichs zum Kindermädchen geworden. Die drei kleinen Jungen wichen ihm nicht von den Fersen. Selbst zu seinem täglichen Dämmerschoppen im Krug trotteten sie unverdrossen mit, obwohl sie nicht in die Gaststube hineingehn durften. Sie stellten sich draußen an die Hecke und warteten, bis er wieder herauskam. Dauerte der Stammtisch ihnen zu lange, witschten sie mit irgend einem Gast doch hinein, oder sie trommelten von draußen gegen die Scheibe und gaben nicht eher Ruhe, bis Kapitän Langhinrichs unter dem spöttischen Schmunzeln der Tischrunde seufzend bezahlte und hinausging. Gleich hingen sie sich an seinen Rock und suchten nach seinen Händen. Es gab erst Ordnung und Ruhe, wenn er einträchtig mit allen dreien über den Wiesenpfad zu seinem Hause wanderte, wobei ihm gleich vorgeschrieben wurde, was nun zu geschehen hätte. Entweder sollte das Schiff weitergebaut werden, oder es sollte erzählt oder das Bild betrachtet werden, das in der Stube über dem Sofa hing und eine Brigg vor Kap Horn zeigte. Dieses Bild ließ sich niemals bis zu Ende lesen.

Es war, als scheuten die drei kleinen Jungen den Falkschen Hof. Still war es dort geworden, obwohl die Arbeit unverändert weiterging. Der gleiche Hund lag draußen an seiner Kette. Die gleichen Pferde stampften aus dem Stall und ließen sich vor den Ackerwagen spannen. Der gleiche weiße Hahn mit dem blutroten Kamm führte seine Hühnerschar auf den Mist. Die Dielenpforte stand weit offen. Man sah die Tenne mit der

Leiter, die hinauf zum Hill[31] führte, und hinter den Glasscheiben das Kammerfach,[32] wo Küche, Kammer und Stuben lagen. Es war also für den Augenschein alles noch so, wie es immer gewesen war. Und doch spürten nicht nur die drei kleinen Jungen eine Veränderung. Jeder, der draußen zwischen dem Krug und dem Hof vorüberging, warf einen scheuen fragenden Blick auf die zur Straße gewandte Giebelseite des Bauernhauses. Keiner trat in den Laden, der nicht mit zurückgehaltener Stimme nach dem kleinen Klaas auf dem Hof fragte. Und die Antwort der Krügerfrau wanderte gleichsam in alle Tüten und Körbe mit hinein und wurde in jedes Haus des Dorfes heimgetragen.

Er lebte noch, hieß es; er lag in seinem Gitterbettchen in der Kammer, manchmal sogar mit einer Wärmkruke zu seinen Füßen, und Alma wich nicht von seiner Seite. Alma war wie vom Hause verschluckt. Eher noch konnte man die Mutter über den Hof gehen sehen oder im Garten beim Johannisbeerpflücken treffen. Es hielt auch der graue Wagen nicht mehr so oft vor dem Haus. Und wenn das sonst im Dorf für ein gutes Zeichen galt, hier legte jeder es sich anders aus.

Wenn Annemieke über die Tenne ging, fühlte sie immer ihr Herz noch im Halse. Nie wagte sie die Tür zur kleinen Stube aufzumachen, ehe sie nicht einen Blick durch das Guckloch mit der ovalen Scheibe geworfen hatte. Erst dann klinkte sie leise auf.

Alma hatte soeben das Fenster geschlossen und zog die Gardinen wieder vor. Es kam zuviel Sommerwärme von draußen herein. Vielleicht tat das dem kleinen Bruder nicht gut.

»Ich glaube, es geht ein bißchen besser«, flüsterte sie und nahm wieder neben dem Gitterbett Platz. »Findest du nicht auch?« In ihrer Stimme klang unterdrückte Angst.

Annemieke nickte sofort und versuchte, den kleinen Kopf mit dem dunklen Haar an den schmalen Schläfen zuversichtlich anzuschauen.

»Der Doktor sieht es gewiß nicht so leicht wie ich«, flüsterte Alma. »Er war seit vorgestern nicht wieder da. Aber er hat eine Medizin aufgeschrieben, die muß heute kommen.«

---

[31] Bodenraum über der Diele, durchgehenden Flur, eines Hauses oder auch einer Scheune.

[32] Die Tenne (Diele) eines Bauernhauses war etwa 3,5 m hoch. Da die Zimmerdecken nur 2 m Höhe hatten, bildete der Dachstuhl an beiden Seiten der Tenne jeweils ein etwa 1,3 m hohes Fach, je nach den darunter liegenden Räumen benannt.

Sie fühlte vorsichtig mit der Hand unter die Decke, ab es dem Kinde auch nicht zu warm darunter geworden war. »Er darf nur nie kalt werden, hat der Doktor gesagt. – Es fehlt ihm überhaupt eigentlich gar nichts«, fügte sie nach einer Pause hinzu. »Er hat nämlich keine richtige Krankheit, für die es einen Namen gibt. Es ist nur alles schwach an ihm, auch das Herz, meint der Doktor. Aber das kann doch eigentlich nicht so schlimm sein, nicht wahr, Annemieke? Damit muß man einfach fertig werden können. Weißt du, Annemieke, wenn der lütte Buer erst größer ist und laufen kann, wird er auch besser essen. Dafür werde ich schon sorgen. Ich habe Mutter gesagt, daß ich erst im nächsten Jahr auf die Kindergärtnerinnenschule gehen will. Diesen Winter muß ich noch hierbleiben. Ich glaube auch, ich könnte einfach nicht fort. Immer würde ich Angst um den kleinen Kerl haben. Es wird ja sein erster Winter, und wenn dieser Winter hart werden sollte – – ein Jahr zu warten, ist auch nicht schlimm«, sagte sie und lächelte. Sie stand auf und öffnete das Fenster wieder ein wenig. Dann machte sie sich mit den weißen Jäckchen zu schaffen, die zu einem Stoß geschichtet auf der Kommode lagen. Annemieke sah, daß Alma Stubenfarbe bekommen hatte und ihre Augen ein bißchen tief im Kopf standen.

»Wir werden es schon schaffen, wir beide!« sagte Alma und blickte in das Gitterbett. Sie gab ihrer Stimme einen festen Klang. »Wir wollen doch ein tüchtiger Hofbauer werden, und wir wollen eine Schwester haben, auf die das ganze Dorf stolz sein kann, weil sie das schönste Kinderheim hat. Von weit her kommen die Leute angereist, um ihre Kinder zu ihr zu bringen, damit sie gesund und kräftig werden und es alle Tage gut haben. Denk mal, Annemieke, wie Stadtkinder sich freuen werden, die noch niemals draußen waren, keinen Garten kennen, keine Kaninchen und Hühner und keine Kühe. Hühner muß ich mir auf jeden Fall halten, und zwar viele, sehr viele! Kaninchen muß ich auch haben, damit meine Kinder mit ihnen spielen können. Ich warte eben nur noch ein bißchen«, fuhr Alma unverdrossen fort. »Weißt du, am liebsten ginge ich natürlich heute schon fort, weil ich viel lernen muß. Man kann auch nach den Examen gewiß nicht gleich ein eigenes Kinderheim aufmachen. Doch wenn man erst angefangen hat, wird alles schon werden – –« Sie war zum lütten Buern zurückgekehrt und lächelte ihn an. Der kleine Kerl lag mit offenen Augen da, die in die Höhe blickten. Es schien, am gäbe er seiner großen Schwester ein Lächeln zurück.

Annemieke ging. Ortwin wartete mit dem Boot. Für heute hatte sie ihm versprechen müssen, mitzukommen. Wie lange mochte er schon in der Polt geduldig gesessen haben?

XII.
Annemieke und Ortwin auf dem Haff

An warmen Sommertagen mit östlicher Luft geschieht es oft, daß der Wind am Nachmittag abflaut. Ja, mitunter schläft er für ein Weilchen völlig ein. Noch stehen die Segel, von einem leichten Luftzug gespannt, und das Boot gleitet geruhsam auf seinem Kurs dahin. Doch das Wasser scheint bereits zu ruhen. Nur an den kleinen Blasen aus Schaum, die von der letzten Brise zurückgeblieben sind, sieht man, daß Wasser und Boot noch ein wenig wandern, wie aus alter Gewohnheit, aus einem ihnen innewohnenden Gesetz heraus, das beide zur Bewegung bestimmt. Springt einmal ein Fisch an die Oberfläche hinauf, als wollte er Himmel und Sonne sehen und Teil an der Luft haben, von der alle anderen Geschöpfe der Erde leben, breiten die Ringe, die sein kaum sichtbar gewordener Leib auf die Oberfläche geworfen hat, sich kreisrund hinter ihm aus. Das Wasser schlägt gleichsam seine Falten, die schmale Schatten werfen.

Man kann schon Mittags am Himmel und an der Bahn, die die leichten Sommerwolken ziehen, erkennen, daß der Wind sich bald zur Ruhe begeben wird. Wer auf dem Wasser ist, und vom Wetter etwas versteht, richtet sich danach ein; wie es den Fischern selten geschieht, daß die Flaute sie draußen auf dem Haff überrascht. Die schweren Boote ziehen vor dem Windhauch mit vollem Zeug, das braune Topsegel hoch am Mast, in einer langen Kette in den Hafen ein. Topp und Fock fallen erst im letzten Augenblick. Wer draußen blieb, sitzt am Ruder, ohne die Hand an der Pinne zu halten, denn das Ruder schlägt nur manchmal, wie unter dem Kiel das Schwert, in der leisen Unterwasserdünung hin und her. Das sind die einzigen Laute, die man vernimmt. Selbst das leise Geriesel am Bug ist verstummt, das bei bescheidenster Brise noch zu vernehmen ist.

Es nutzt dann auch nichts mehr, nach alter Seemannsart am Mast zu kratzen, um einen leisen Pust des Windes herbeizulocken, denn weit und breit ist das Haff blau und blank. Schließlich wandern auch die Blasen nicht mehr. Man könnte zu den Riemen greifen, den »Holzmotor« in Bewegung setzen, und sehen, daß man mit der Kraft seiner Arme das Land erreicht. Doch das tut man nur, wenn die Zeit einen drängt. Sonst liegt man draußen im Blau, wo das Wasser den Himmel wiedergiebt, und treibt, sieht, wie das Ufer mit Rohr und Bäumen und Dächern im

Spiegel des Wassers sich Auge in Auge schaut, wartet, bis die Abendbrise kommt und einen sacht in den Heimathafen trägt, und ist von allem, was sonst den Tag umgibt, gelöst. Auch der Mund wird frei und kann sprechen, was sonst in der Tiefe des Herzens ruht.

Ortwin hat Annemieke ein Bild gereicht. Er hatte es in der Brieftasche bei sich getragen und plötzlich herausgezogen. Er wollte Annemieke nicht ansehen, während sie das Bild betrachtete. Seine Augen versuchten, sich auf das Wasser zu heften, und glitten doch über die braunen Hände, die das Bild achtsam hielten, hinweg auf Annemiekes Gesicht.

»Ist das eine Prinzessin?« fragte Annemieke mit scheuem Verwundern.

»Ja, sie sieht wie eine Prinzessin aus«, nickte Ortwin.

Annemieke schaute noch immer auf das Bild, das nur eine Postkarte war, wie man sie in den Städten in vielen Läden kaufen kann.

»Kennst du sie?« fragte Annemieke.

Ortwin stimmte zu. »Aber sie kennt mich noch nicht«, sagte er nach einer kleinen Weile ehrlich.

»Sie spielt auch Geige«, las Annemieke dem Bilde ab, das eine junge Frau im langen Kleid mit einer Geige zeigte.

»Sie ist eine Künstlerin«, sagte Ortwin so leise, als ginge es um ein Geheimnis. »Sie ist in der ganzen Welt berühmt.«

»Spielt sie auch so schön wie du?«

Nun mußte Ortwin lächeln. Er streckte die Hand nach dem Bild aus. Aber Annemieke schien sich von dem Anblick noch nicht trennen zu können. Daß ein Mensch so schön aussehen konnte, dachte sie in ehrfürchtigem Staunen, und betrachtete wieder die großen hellen Augen unter der hohen Stirn. Das Haar fiel gescheitelt in einer weichen, glänzenden Welle. An der Hand, die die Geige hielt, war ein großer Ring, und das Kleid sank in weiten Falten bis auf den Fuß.

»Ich bin in allen ihren Konzerten gewesen,« sagte Ortwin. »Manchmal spielt sie auch mit drei anderen Künstlern zusammen. Aber sie ist natürlich die erste – – und wenn ich erwachsen bin – –«, er griff zur Ruderpinne und schaute nach dem Segel, als bekäme er es eilig. Darauf rückte er ein wenig näher an Annemieke heran, »dann will ich mit ihr spielen, denn etwas Schöneres kann ich mir auf der Welt nicht denken. Darum übe ich so viel. Ich übe auch in Hamburg den ganzen Tag. Aber ich kann ja noch nichts.«

Er schaute vor sich hin. Dann nahm er das Bild und steckte es langsam wieder in die Brieftasche, während er über das Haff blickte.

»Das ist ein Geheimnis, Annemieke. Keiner außer dir weiß darum. Es soll auch keiner weiter wissen. Aber du bist so, daß man es dir sagen kann, und ich mußte einmal davon sprechen. Weißt du,« er steckte, als wöge er ab, ob er auch das noch sagen sollte, »ich denke immer an sie – immer – es ist so geheimnisvoll, an sie zu denken, denn sie weiß ja nichts von mir. Aber manchmal ist es auch schwer, und man könnte – –, ja, man könnte heulen – – ich weiß ja nicht, ob ich jemals es erreichen kann, mit ihr spielen zu dürfen. Sie ist eine große Künstlerin, Annemieke!«

Annemieke nickte verträumt. Die Welt um sie schien verändert. Wie ein Märchen war das stille Wasser mit dem fern sich spiegelnden Land. Annemieke dachte an das Bild. So sah gewiß nur eine Prinzessin aus. Und Ortwin kannte sie! Ortwin hatte sie viele Male gesehen. Sie schaute zu Ortwin hin, der in die Schot einen Knoten schlug.

»Aber glaubst du nicht, Annemieke, daß man erreicht, was man von ganzem Herzen erreichen will?«

»Doch, Ortwin«, sagte Annemieke zuversichtlich. Jetzt wußte sie, warum er so verändert aussah, wenn er mit der Geige vor ihr stand. Dann waren seine Gedanken weit fort. Er dachte an seine Prinzessin. Vielleicht war er selbst auch ein Prinz, der verwunschen war, und kein anderer Mensch außer ihr wußte darum. – –

Annemieke schreckte hoch. Ortwin hatte die Dollen eingesteckt und griff zu den Riemen. Da kam ein Luftzug von Osten. Ortwin wandte den Kopf. Am Heck zog eine leise Brise heran. Sie weckte das Wasser auf, und gleich darauf rührte sie das Segel an. Der Großbaum glitt knarrend über die Reling hinaus, und Ortwin nahm die Schot zur Hand. Die kleinen Blasen begannen sacht zu wandern, hinter dem Ruder lief eine schmale Spur zurück, die sich mehr und mehr weitete. Jetzt fing auch das Spiegelbild unter dem Rohr zu zittern an. Büsche und Bäume und Dächer wogten darin hin und her. Ortwin saß am Ruder und lachte Annemieke siegessicher an:

»War das nicht fast, als hätte der Himmel mir eben zugestimmt?«

XIII.
Daniel Roses Schifferorgel

An diesem Tage stand Toennies zum ersten Male auf. Der Doktor hatte es zwar noch nicht erlaubt, aber man wird erwachsener, wenn man eine Reihe von Tagen gelegen hat, und möchte wieder selbst über sich bestimmen. Toennies ging um das Haus und sah das stille Segel auf dem stillen Haff. Eine weiß leuchtende Gestalt saß neben der Ruderpinne und am Mast war ein rotes Kleid zu erkennen. Das Boot ruhte im vollen Sonnenlicht.

Toennies lächelte überlegen über den Städter, der sich von einer Flaute überraschen ließ. Immerhin hatte der da draußen so viel Anstand, nicht gleich die Ruhe zu verlieren und den Holzmotor in Bewegung zu setzen, wie es die Fremden immer eilig hatten, als könnte ihnen eine Eisenbahn vor der Nase davonfahren. Dennoch wäre es Toennies lieber gewesen, Ortwin hätte es eilig gehabt. So konnte viel Zeit vergehen, ehe die Abendbrise kam und die Jolle heimwärts trug.

Toennies ging ein wenig unsicher auf den Beinen. Der Hals, um den der Verband noch saß, schmerzte, sobald er den Kopf bewegte. Doch die Schultern taten nicht mehr weh. Er griff zur Axt und hieb sie auf den Hauklotz, als wollte er probieren, ob in den Armen die alte Kraft noch säße. Die Axt fuhr in das harte Birnbaumholz und blieb aufrecht darin stecken. Toennies verließ den Hofplatz und ging vor das Haus, wo man das Wasser und das Segel nicht mehr sehen konnte, das Boot mit dem weißen und dem roten Fleck an Bord. Im hohen Gras des Vorgartens blühte die Schafgarbe vor den verwilderten Büschen. Eine gelbe Königskerze ragte hoch empor. Toennies riß sie aus, doch blieb hinter ihr die gleiche Wildnis zurück. Es sah hier nicht ein bißchen hübsch und sauber aus, wie vor den meisten anderen Häusern im Dorf, wo runde Beete und Beete in Sternform mit Buchsbaum eingefaßt waren und auf den schmalen, geharkten Wegen nicht einmal eine Gänseblume wuchern durfte. Anders sollte es hier werden! Ganz anders sollte alles hier werden!

Er blickte sich um. War denn die Farbe an den Fenstern immer schon so abgeblättert, war der Kitt schon lange an vielen Sprossen abgesprungen? Toennies trat näher. Jetzt entdeckte er, daß ein Laden auch nicht mehr in Ordnung sein konnte, das Scharnier schien durchgerostet zu sein.

Warum hatte er solchen Schaden nicht längst gesehen? War er blind gewesen? Was mußten die Leute davon denken! Die Fenster hätten auch im letzten Jahr schon frisch gestrichen werden müssen! Toennies trat ein paar Schritte zurück und betrachtete das Haus, so wie es allen Vorübergehenden in die Augen fallen mußte. Es sah verwahrlost aus. Ja, man konnte schon von Weitem sehen, wie verwahrlost es war! Toennies schoß das Blut in den Kopf. Er schämte sich und warf einen verstohlenen Blick zum Nachbarhaus, schaute aber gleich wieder fort, denn man brauchte nicht lange hinzusehen, um zu erkennen, wie dort die Fenster blitzten, wie säuberlich weiß die Sprossen zwischen den kleinen Scheiben gehalten waren. Auch die Haustür mit den zwei Sonnen darauf, die zu den Schneiderinnen führte, war im Frühjahr frisch gestrichen worden.

Streichen konnte man nur im Frühjahr. Mitten im Sommer konnte auch der Vorgarten nicht mehr umgearbeitet werden. Doch neue Läden konnte man beim Tischler bestellen, ja, wenigstens neue Läden für das Haus. Aber darüber mußte Toennies zuerst mit dem Vater sprechen, und der Vater war mit Fischen im Dorf.

Toennies stand mit hängenden Armen da. Etwas mußte geschehen! Er fühlte förmlich, wie der Tatendrang gleich dem Saft im Baum in ihm hochstieg. Ehe er seinen Gedanken zu Ende gedacht hatte, war er schon durch Daniel Roses Klöntür getreten und stand gleich darauf in der Werkstatt.

Daniel Rose legte sofort den Schuh aus der Hand und nahm seine Schifferorgel vom Wandbrett, als ahnte er, weshalb Toennies so eilfertig ankam. Aber ohne weiteres durfte Toennies mit der Kostbarkeit nicht davonstürmen. Daniel Rose löste vor seinen Augen feierlich die Klammern, drückte auf den Hebel und ließ langsam Luft in den langen, mit blauem Sternchenpapier beklebten Balg ziehen. Dann zeigte er Toennies, wie die Töne entstanden.

»Mußt gut mit ihr umgehen, sie ist es nicht andere gewöhnt«, sagte er lächelnd, als Toennies die Schifferorgel voll Ungeduld unter den Arm nahm. »Viel Glück damit!« rief er ihm nach.

Toennies stieg mit seinem Schatz beladen die Leiter zum Heuboden hinauf. Er wollte nicht gestört werden. Er mußte die Zeit wahrnehmen. Durch die Bodenluke konnte er die Jolle auf dem Haff sehen. Sie schien noch auf der selben Stelle zu liegen, aber der weiße Fleck war dichter an den roten herangekommen.

Heiß war es auf dem Boden, es duftete betäubend nach dem fest aufgeschichteten Heu. Aber Toennies schloß die Luke. Erst am Abend, wenn Annemieke wieder zu Hause war, sollte die Luke weit offen stehen. Dann wollte er hier oben sitzen und für sie spielen und wollte aus seinem Versteck heraus beobachten, wie sie näher kam und um das Haus ging, sich über die Musik wunderte und versuchte, sie aufzuspüren. Niemals gewiß würde Annemieke auf den Gedanken kommen, daß er es sei, der so schön spielte. Zuletzt würde er mit der Schifferorgel über der Schulter an die Bodenluke herantreten und sich an ihrem Erstaunen freuen.

Toennies machte sich im Heu einen bequemen Sitz. Dann schloß er genau so sorgsam wie Daniel Rose die blitzenden Klammern des Instruments auf, drückte den Daumen auf den Hebel und zog behutsam Luft in den Balg. Er legte die rechte Hand auf die Knöpfe, die die Töne machen sollten, und erschrak, so unvermittelt dröhnte und wimmerte es auf ihn ein. Er ließ schnell die Knöpfe wieder los und atmete auf, als es sofort still um ihn wurde. Schon standen Schweißperlen auf seiner Stirn. Er wischte sie mit dem Oberarm ab und drückte nun nur auf einen Knopf. Ein tiefer Ton bebte langgezogen auf und nieder. Toennies lauschte ihm nach und fand ihn schön. Er ließ ihn klingen, bis der Balg völlig auseinandergezogen war. Ja, so mußte man beginnen, und man mußte sich ein Lied ausdenken, das man spielen wollte. Doch welches Lied?

Toennies konnte sich zuerst nicht auf ein einziges Lied besinnen. Angestrengt dachte er nach. Richtig: »Auf, Matrosen, die Anker gelichtet!«[33] Das hatte er oft gepfiffen. Das wollte er jetzt spielen. Er griff nach einem Knopf. Mit einem hohen Ton drückte er energisch den Balg zusammen. Der Ton wurde immer schriller, dann starb er plötzlich jämmerlich ab, weil die Luft verbraucht war. Toennies konnte sich nicht mehr darauf besinnen, mit welchem Ton sein Lied eigentlich angefangen hatte. Mit diesem war es bestimmt nicht gewesen. Er spielte einen anderen Ton. Er nahm schließlich die linke Hand zu Hilfe und förderte ein vielfältiges Dröhnen zutage. Nein, so wurde es nichts! Vielleicht war gerade dieses Lied für den Anfang ein bißchen schwer. Er suchte in seinem Gedächt-

---

[33] Siehe Seite 150–151.

nis nach anderen Liedern. Was sang doch Annemieke manchmal, wenn sie im Garten arbeitete?

Die Schifferorgel ruhte auf Toennies Knien. Er hatte eine Hand aus der Schlaufe ziehen müssen, um sich den Schweiß gründlich vom Gesicht zu wischen. Es war zu heiß im Heu; deswegen war gewiß der Kopf so dumm geworden, und kein Lied konnte einem einfallen. Toennies legte das Instrument ins Heu und stieß die Luke ein wenig auf. Wie Labsal war die Luft, die er tief einatmete. Da kam ihm ein Lied in den Sinn, nur ein Kinderlied, das Alma für den kleinen Hinrich ununterbrochen gesungen hatte. »Eia, poppeia, was raschelt im Stroh«,[34] fing es an. Es war nicht weiter viel an diesem Lied, dachte Toennies, aber gewiß war es leicht zu spielen, und wenn man nur erst den Anfang gemacht hatte, kam das andere wohl von selbst.

Über das Haff trieb die erste Brise dahin und erreichte mit dem Rohr das Land. Aber sie drang nicht bis in die Öffnung der Luke hinein. Mitten im Heu saß Toennies, den Kopf aufgestützt; das Haar hing ihm feucht über beide Hände. Ab und zu hob er den Kopf ein wenig und warf einen bitterbösen Blick auf die Schifferorgel, die mit ihrem blaubestirnten Balg neben ihm ruhte. Wäre sie nicht Daniel Roses Kleinod gewesen, so hätte Toennies ihr in seiner Verzweiflung mit einem einzigen Fußtritt den Garaus gemacht. So lud er sie schließlich wieder auf.

Draußen hatte eben die Jolle an ihrer Boje festgemacht. Die Sonne warf goldene Abendstrahlen über Kapitän Langhinrichs hellgraues Dach. Ortwin stand hochaufgerichtet am Heck der Polt und stakte Annemieke an Land. Toennies konnte grade noch ungesehen mit der Schifferorgel unter dem Arm zwischen den Büschen hindurch ins Nachbargrundstück entwischen. Er stieß die obere Hälfte der Klöntür[35] auf und setzte die Schifferorgel leise in Daniel Roses Flur ab. Dann lief er heim und warf sich auf sein Bett und schluchzte und fühlte sich kein bißchen erwachsen mehr.

---

[34] Siehe Seite 152.

[35] In obere und untere Hälfte geteilte Tür, die obere Türhälfte lässt sich aufklappen, während die untere geschlossen bleibt. Über diese Tür kann wie über ein Fenster gelüftet werden, Kleinkinder können im Haus gehalten werden und das wichtigste, man kann ein ausgedehntes Schwätzchen mit der Nachbarin machen (»klönen«) ohne diese ins Haus zu lassen und vielleicht auch noch bewirten zu müssen.

XIV.
Ein Angebot für den Winter

Das »Nutt – nutt« der Nähmaschine brach unvermittelt ab. Die Nadel blieb in der Luft stehen. Tante Clara griff schnell zu einem Flicken und wischte einen Stuhl ab, während Frau Krüger noch im Vorgarten stand und den Hauslauch auf dem Rohrdach betrachtete. Auch Tante Anna wischte einen Stuhl ab und sammelte in aller Eile ein paar Fusseln vom Fußboden ab.

Frau Krüger hatte vor einigen Tagen durch Annemieke bestellen lassen, sie käme einmal an einem Nachmittag, um mit Tanten Anna und Clara in Ruhe etwas zu besprechen. Seitdem hatten Tanten Anna und Clara jeden Abend, wenn sie sich in den Alkoven hinter der Schneiderstube legten, über den Zweck des angekündigten Besuchs gegrübelt. Tante Clara, die jüngere, hatte sich sogar einmal zu der Frage verstiegen, ab Frau Krüger sich etwa von ihnen ein Kleid nähen lassen wollte. Anna aber hatte diesen Gedanken weit von sich gewiesen: Hamburger Damen gingen doch nicht zu dörflichen Schneiderinnen. Sie hätten Modeateliers in Hamburg, deren viele Ankleideräume alle mit Spiegeln vom Fußboden bis zur Decke ausgestattet seien. Anna wußte ganz genau darüber Bescheid, obwohl auch sie niemals in Hamburg gewesen war.

Jetzt war es also soweit, und die Frage, was Frau Krüger in Ruhe mit ihnen besprechen wollte, würde ihre Antwort finden.

Tanten Anna und Clara fühlten beide in sich ein wunderliches Beben, als die Haustür endlich aufging. Sie hatten das Empfinden einer Schicksalsstunde und sprachen sich das mit den angstvollen Augen zu. Sie standen noch immer in stummer, banger Erwartung des Kommenden, nachdem Frau Krüger sich schon gesetzt hatte, und zwar, ehe sie es verhindern konnten, auf keinen der beiden abgewischten Stühle, sondern auf die Ofenbank. Frau Krüger hatte den Stoß Heftwerk, der darauf gelegen hatte, einfach ein bißchen zur Seite geschoben.

Es war Frau Krügers Art nicht, große Umschweife zu machen. Sie mußte aber doch mehrere Male ansetzen, ehe Tanten Anna und Clara den Zweck ihres Kommens aufzufassen vermochten. Beide riefen gleichzeitig aus: »Das kann doch wohl nicht angehen!«

Frau Krüger lächelte ein wenig, warum das nicht angehen könnte? Jeder junge Mensch müßte einmal von zu Hause fort und sich den Wind um die Nase wehen lassen. Wenn auch Annemieke noch recht jung sei – –

Tanten Anna und Clara standen in ihren langen schwarzen Kleidern mit der Arbeitsschürze darüber, in deren Latz unzählige Stecknadeln blitzten, Schulter an Schulter vor dem altmodischen Schreibschrank. Sie stützten sich gleichsam gegenseitig und nahmen eine so abwehrende Haltung ein, als wären sie zur letzten Verteidigung bereit.

»Es soll ja nicht für immer sein«, sagte Frau Krüger und lächelte wieder. »Mein Mann und ich hatten gedacht, für einige Monate, vielleicht für den Winter. Ich möchte Annemieke gern eine Zeitlang bei mir im Hause haben. Ich bin viel allein, und sie kann mir ein bißchen zur Hand gehen. Aber vor allem soll sie es nett haben und ins Theater und in Konzerte kommen. Wir haben auch manchmal junge Leute bei uns zu Gast; wenn es dann so trifft, wird ein bißchen getanzt. Ein Winter geht schnell vorbei. Um Ostern herum ist Annemieke dann wieder zu Haus.«

Tanten Anna und Clara waren in ihrem ganzen Leben nicht viel aus dem Dorf hinaus gekommen. Zu ihren Jugenderinnerungen gehörte eine Verwandtenreise, von der eigentlich nur noch die Angst in ihrem Gedächtnis geblieben war, in einen falschen Zug geraten zu sein, oder nicht auf dem richtigen Bahnhof auszusteigen. Diese Nöte lebten in ihren Träumen auch heute nach fort. Beide Tanten besaßen eine Scheu vor allen, was Stadt heißt, und fühlten sich den Städtern gegenüber immer unterlegen. Denn solche Menschen hatten eine Leichtigkeit im Sprechen und Handeln, die ihnen unbegreiflich war. Es war oft, als gäbe es für Städter überhaupt keine Schwierigkeiten, dann alles taten sie mit einer Handbewegung ab.

Tanten Anna und Clara schauten Frau Krüger noch immer mit ängstlichen Augen an. Anna hoffte, daß Clara etwas sagen würde, und Clara baute darauf, daß Anna als die ältere das rechte Wort finden müßte, um das Gespenst, das drohend vor ihnen aufgestiegen war, zu verjagen. Nach einer langen Pause brachte Anna nur heraus:

»Clara und ich haben doch an Annemieke Vater- und Mutterstelle vertreten.«

»Wir meinen es auch nur gut mit ihr«, sagte Frau Krüger. »Darum soll sie einmal heraus, um etwas anderes, neues kennen zu lernen.«

Wie aus weiter Ferne rauschten an Tanten Anna und Clara die Worte vorüber, mit denen Frau Krüger ihnen ein Bild des Lebens zeichnete, das Annemieke mit ihr in Hamburg für einige Zeit teilen sollte. Sie wohnte nicht mitten in der Stadt, erzählte sie, sondern weiter draußen, wo die Umgebung ein wenig ländlich sei.

Beide Tanten hatten glänzende Augen und warteten noch immer auf das erlösende Wort, das eine von ihnen finden müßte. Da sagte Frau Krüger plötzlich:

»Für mich würde es eine große Freude sein, Annemieke ein Weilchen um mich zu haben. Diese Freude wollen Sie mir doch nicht nehmen?«

Gab es noch einen Widerspruch, wenn Frau Krüger solch eine Frage an sie stellte? Tanten Anna und Clara sanken auf ihre Stühle, falteten fest ihre Hände und gaben sich dem Gefühl ihrer Machtlosigkeit anheim. Sie kämpften dabei mit immer neuaufsteigenden Ängsten und Fragen. Wenn es schon sein müßte, könnte man das Kind überhaupt allein auf der Bahn fahren lassen? fragten sie schließlich verschüchtert.

»Sie ist ja bald fünfzehn«, meinte Frau Krüger, fügte dann aber hinzu, daß sich dafür gewiß ein Rat finden ließe. Auch einen kleinen Koffer könnte sie Annemieke leihen. Da fiel Tanten Anna und Clara der Reisekorb aus Rohr ein, der von jener Verwandtenreise her noch auf der Abseite stand. Auch der Schlüssel dazu sei da. Anna erhob sich. Ihre Knie zitterten ein wenig, als sie an den Schreibschrank gehen wollte, wo seit Jahrzehnten Schloß und Schlüssel des Reisekorbs verwahrt lagen. Aber es tat Anna wohl, aus der Hilflosigkeit dem Schicksal gegenüber aufgeweckt zu werden. Da fing Clara an, von den Kleidern zu sprechen, die Annemieke für solche Reise brauchte, und Anna mußte sich gleich wieder setzen, um der Schwester auf diesem Gebiete beizustehen.

Frau Krüger harrte geduldig auf der Ofenbank aus und hörte freundlich den Beratungen zu. Sie fragte einmal, wo Annemieke sei, und erfuhr, daß Alma sie herübergeholt hätte. Dann wollte sie aufstehen, weil die Kleiderfrage gewiß bei den Schneiderinnen in besten Händen sei, doch Tanten Anna und Clara hielten sie aufgeregt zurück. Sie wollten vor der Fülle der Fragen nicht alleingelassen werden, und so wappnete Frau Krüger sich mit neuer Geduld.

»Nur nicht zuviel Staat«, lachte Frau Krüger, als Clara in Erwägung zog, ob Annemieke nicht besser noch ein neues Sonntagskleid bekäme. »Wir sind auch nur einfache Menschen,« wehrte sie ab.

»Annemieke soll doch in die Stadt!« erwiderten Tanten Anna und Clara wie aus einem Munde. In ihren Worten lag der ganze Schauer vor der fernen Welt, in die sie ihre Annemieke hinausschicken sollten.

Ab und zu seufzten Tanten Anna und Clara auf und schauten sich unsicher an, als hofften sie, es könnte alles dieses auch nur ein Traum sein. Dann wieder floß der Strom ihrer Sorgen und Erwägungen in vollen Zügen dahin und ließ sich selbst von Frau Krüger nicht eindämmen.

Tanten Anna und Clara knieten schließlich einträchtig vor der Kommode und rollten unter Frau Krügers Augen aus vergilbtem Seidenpapier das Brautkleid von Annemiekes Mutter heraus, bereit, auch dieses für das Kind zu opfern, wenn die Stadt es verlangte.

XV.
Alle haben irgend ein Ziel

Im Krautgarten, im Windschutz der Haselhecke, stand der Wagen mit dem lütten Buern. Annemieke jätete in der Nähe zwischen den Karottenreihen. Sie hatte schon um die Zwiebel gehackt und die Tomaten entspitzt, aber Alma war noch immer nicht zurückgekehrt. Ab und zu stand Annemieke auf und schaute in den Wagen hinein. Der lütte Buer schlief. Wenn man das Ohr seinem kleinen Kopf zuneigte, konnte man deutlich hören, wie hart er atmete, als wäre ihm die Luft zu schwer.

Über die Wagendecke und über den Gartenweg huschten die Schatten der Blätter, die der Wind in Bewegung hielt. Es rauschte in den hohen, alten Obstbäumen. Aus der Ferne kamen die Stimmen der drei kleinen Jungen von der Wiese herauf. Die Glocke der Ladentür schellte über die Straße, sobald ein Kunde kam oder ging. Und doch war es friedlich still auf diesem geschätzten Platz um den Wagen mit dem kleinen Kinde.

Eine Hummel surrte über die Decke. Annemieke jagte sie erschrocken fort. Dann setzte sie sich neben den Wagen am Wegrand nieder, um auszuruhen. Dicht an ihrem Fuß liefen Ameisen vorbei. Sie bildeten eine dünne Kette, einen schmalen Pfad bis zur anderen Seite des Weges, wo ihr Bau unter dem Immergrün lag. Unmittelbar schloß sich jede Ameise der anderen an. Die ersten waren schon unter der Wegeinfassung verschwunden, aber das schmale, dunkle lebende Band zog noch immer an Annemiekes Fuß vorüber. Ein Regenwurm stieg aus der Erde und schaute sich ein wenig um, ehe er beschloß, wieder im Dunkel zu verschwinden. Jetzt kam ein brauner Fuchs von den Zinnien herüber und setzte sich dicht vor Annemiekes Füßen nieder. Er breitete seine schönen Flügel flach auf der Erde aus, ließ sie von der Sonne bescheinen und verhielt sich unbeweglich auf seinem Platz. Immer noch bauten die Ameisen in unermüdlicher Geschäftigkeit ihren lebenden Pfad. Jetzt hämmerte es über Annemiekes Kopf am Baum. Der Schmetterling klappte die Flügel zusammen, als hätte er sich erschrocken, faltete sie wieder in der Sonne aus und flog lautlos davon. Annemieke entdeckte den Specht mit seinem leuchtenden Rot im grau und weiß gemusterten Gefieder. Sein Schnabel schlug eifrig auf die rissige Rinde ein. Dann hielt er inne und beschaute sein Werk und fing gleich von neuem zu hämmern an. Auf sechs hohen Beinen lief eine Spinne an Annemieke vorbei. Auch der Regenwurm war wieder da und strebte zum Licht; dieses Mal entschloß er sich, der Dunkelheit zu entsagen, und kroch über den Weg dahin.

Das vielfache Leben rundum war so geheimnisvoll, denn überall war es, auch wenn keiner es sah. Wohin nur war die Spinne so eifrig gelaufen? Wo war der schöne Schmetterling geblieben, wohin strebte der Regenwurm? Jedes Tier hatte gewiß ein Ziel, um das es sich mühte!

Annemieke nahm ein Stöckchen und legte es quer vor den Ameisenpfad. Die Ameisen stutzten, als wunderten sie sich, darauf lief die erste am Stöckchen entlang und fand an seinem Ende einen neuen Weg. Alle anderen folgten ihr nun ohne Besinnen nach. Annemieke setzte den Fuß vorsichtig vor einen Käfer, der mit seinem goldbraunen Leib auftauchte. Auch er stellte sein eifriges Laufen ein, dann bestieg er den Fuß, lief unbefangen über ihn hinweg und erreichte die Erde wieder.

Alle haben irgend ein Ziel, dachte Annemieke, nicht nur die Spinne und der Regenwurm, die Ameisen und der goldene Käfer. Auch alle Menschen haben ein Ziel und mühen sich darum. Sie dachte an Ortwin, der täglich viele Stunden mit der Geige in seiner kleinen Stube stand und übte, auch wenn draußen die Sonne verlockend schien und die Jolle an ihrer Boje im Winde winkte. Ja, spät am Abend konnte man Ortwin mit seiner Geige noch unter der Lampe stehen sehen. Er tat es für seine Prinzessin, von der er nur dieses Bild besaß! Ihn kannte sie nicht einmal mit Namen! Und Alma! An nichts anderes dachte sie, als an ihr Kinderheim. Alles, was ihr beggenete, brachte sie damit in Zusammenhang. Und wie fleißig war Toennies! Er fischte nicht nur. Er kochte sogar, seit seine Mutter gestorben war, und hielt das Haus rein, so gut er es verstand. Sicher stopfte er auch alle seine Strümpfe selbst und flickte sein Zeug, denn er sah immer ordentlich aus. Wenn er das nicht tat, wer sollte es wohl sonst für ihn tun? Nur seine Wäsche wusch das Mädchen mit, das Schiffer Langhinrichs im Hause hatte. Und niemals kam Toennies und bat sie, wie Appelhoom, um ihre Hilfe. Immer war er guter Dinge und oft hatte er noch für andere Zeit.

Ich müßte Toennies eigentlich einmal fragen, wer seine Strümpfe stopft, dachte Annemieke und zeichnete mit ihrem Stöckchen dunkle

Streifen in den Weg. Alle sind tüchtiger und fleißiger als ich, ging es ihr durch den Sinn. Ich helfe nur bei der Schneiderei und ein bißchen in Haus und Garten. Tanten Anna und Clara sind so eigen, und wenn sie es allein schaffen könnten, würden sie mir am liebsten jede Arbeit aus der Hand nehmen. Ich habe eigentlich gar kein Ziel!

Annemieke stand auf. Ihr wurde bewußt, wie lange schon sie untätig am Wege gesessen hatte. Sie warf einen Blick auf den lütten Buern, der noch immer schlief, dann ging sie zu den Gemüsebeeten zurück und fand alle Hände voll zu tun. Alma sollte sich freuen, wenn sie wiederkam. Alma schaffte von früh bis spät auf dem Hof und dem Acker und saß nie einen Augenblick mit den Händen im Schoß.

XVI.
Besuch im Hasenkaten

Zum Hasenkaten führte kein gangbarer Weg. Die Hecken zu beiden Seiten des Eingangs waren seit vielen Jahren nicht gestutzt, so daß sie sich die Hände reichten. Zwischen den verholzten Johannisbeeren wucherten Brennnesseln von der kurzen, gedrungenen Sorte, die unter der Erde weiterkriechen und nach allen Seiten einen dicken Filz von Wurzeln ausbreiten, so daß sie dort, wo sie sich häuslich niedergelassen haben, kaum je wieder ganz auszurotten sind.

Der Holunder war höher als das Haus. Er stützte seine schweren, dunklen Dolden auf das Rohr, das sich wie strähniges Haar über die morschen Windbretter spreizte. Doch vor der mit Brettern verschalten, geteerten Giebelwand standen Stockrosen in einer dichten Reihe und suchten mit ihren offenen rosa und roten Blütenkelchen einen Strahl vom Sonnenlicht.

Alma schaute sich noch einmal flink nach allen Seiten um, ehe sie sich bückte, um unter dem dichten Heckendorn hindurchzukriechen. Sie hatte Rauch aus dem Schornstein wehen sehen, Fieken Waterstraat war also im Haus.

Der Hasenkaten hatte ein Menschenleben lang leer gestanden. Seine Besitzer waren gestorben; die Nachkommen hatten das Erbe verschmäht. Nicht einmal den ärmlichen Hausrat hatten sie sich geholt. Der große Schrank, der im Flur stand, war übrigens für das Haus mehr als nur ein Schrank. Er war zugleich der Halt für die Decke, die auf ihm ruhte und nachsinken würde, sollte einer den Schrank von der Stelle rühren. Vom Flur führte die Stiege unmittelbar zum offenen Boden hinauf. Gerümpel von Generationen lag dort aufgeschichtet und erfüllte den Flur mit einem dumpfen Geruch. Dieser dumpfe Geruch war auch der einzigen Stube des Katens zu eigen, deren Fenster so lange nicht mehr geöffnet waren, daß sie allmählich mit den Wänden wieder zusammengewachsen schienen. Aber die Scheiben waren nicht mehr ganz blind, sondern ein bißchen geputzt, und wo von altersher das Loch im Glase gewesen war, durch das die Kinder manchmal furchtsam hineingeblickt hatten, als könnten Spuk und Gespenster ihnen von Angesicht zu Angesicht begegnen, war von innen ein Stück Pappe davorgestellt.

Alma klopfte doch hörbar das Herz, als sie vor der Tür stand und zur Klinke faßte. Viel mehr noch klopfte ihr Herz, als früher, wenn sie beim Versteckspielen um den alten Katen herumgekrochen war und bis in den verfallenen Kuhstall vordrang, wo schwarze Schnecken an den Wänden klebten und Ratten hausen sollten. Ein solches Versteck auszuspähen, war einer Heldentat gleichgekommen, die keines der anderen Kinder ihr nachzumachen gewagt hätte.

Alma war einen Augenblick nah daran, umzukehren. Die Stille um das verfallene Haus war beklemmend. Auch von drinnen war nicht das leiseste Geräusch zu vernehmen. Dann dachte sie an den lütten Buern. Ihm mußte geholfen werden! Wenn kein anderer Mensch ihm helfen konnte, würde vielleicht Fieken Waterstraat es vermögen. Wer die Kraft haben sollte, allein mit seinem Blick Menschen und Vieh in Krankheit und Verderben zu stürzen, sollte der nicht auch alles Übel heilen können?

Die Klinke war heruntergedrückt, aber die Haustür öffnete sich nicht. Man fühlte an der Klinke, daß sie mit dem Drücker nicht mehr in Verbindung stand. Alma stemmte beide Hände gegen die Tür, die sofort aufsprang. Sie blieb auf der Schwelle stehen, kämpfte gegen die dumpfe feuchte Luft, die ihr entgegenschlug, und lauschte. Nichts war zu hören. Zur Stube stand die Tür offen. Alma schaute in den Raum, der im Dämmerlicht lag. Er sah bei aller Verkommenheit noch ein wenig bewohnt aus. Über dem Bett war eine geflickte Decke glattgezogen und in einem Krug ohne Henkel standen ein paar Feldblumen auf dem nackten Tisch. Jetzt hörte Alma ein Geräusch in der Tiefe des Hauses. Ihr stockte der Atem, aber sie trat beherzt durch den Flur in die Küche ein. Fieken Waterstraat stand mit ihrem zerzausten Haar, in Lumpen gekleidet, hinter den Herd gedrückt und starrte ihr angstvoll entgegen. Kaum hatte sie Alma erkannt, glitt ein Lichtstrahl über ihr graues, durchfurchtes Gesicht. Sie schob sich hinter der Herdecke heraus und fragte, noch immer ein bißchen zitternd, »Was willst du bei mir, Deern?«

Alma hatte sich vorher viele Male die Worte zurechtgelegt, mit denen sie vor Fieken Waterstraat ihre Bitte vorbringen wollte, denn es war nicht ganz einfach, einem Menschen, der über den bösen Blick verfügte und nur Schaden anstiften sollte, um seine Hilfe anzugeben. Da sagte Fieken Waterstraat, während sie Alma einen wurmstichigen Schemel hinschob:

»Es steht schlecht um den lütten Buern. Aber da kann ein Mensch nicht helfen, Deern.«

»Kannst du nicht doch – –« begann Alma zu stottern. »Die Leute im Dorf sagen doch immer – –«

Ein leises Lächeln huschte über Fieken Waterstraats Gesicht. »Wat sagen sie nich all«, meinte sie.

»Der Doktor kann aber nicht mehr helfen«, fuhr Alma mutiger fort.

Fieken Waterstraat setzte sich auf einen Stuhl. Sie griff nach einem Bündel trockener Kräuter, das auf der Fensterbank gelegen hatte, und begann mit ihren zittrigen Händen, die Blätter in ihre Schürze abzustreifen.

»Helfen kann nich eins«, sagte sie und schaute Alma aus ihren kleinen, feuchten Augen ein bißchen von der Seite an, als wollte sie feststellen, ob Alma die Wahrheit vertrüge. Dann fuhr sie, ohne aufzublicken, fort: »De lütt Buer kann nich leben. Ich habe es ihm angesehen.«

Alma sprang auf. »Er muß leben!« rief sie erregt. »Wenn der Doktor nicht kann, mußt du ihm helfen!«

»Weiß man, daß du bei mir bist?« fragte Fieken Waterstraat und bekam einen lauernden Blick.

Alma schüttelte den Kopf. Nein, nicht einmal die Mutter wüßte darum.

»Geh doch lieber«, sagte Fieken Waterstraat kurz.

»Du mußt ihm helfen!« Alma stand vor ihr, als wäre sie fest entschlossen, die Hilfe ihr abzutrotzen.

»Geh, Deern«, sagte Fieken Waterstraat fast bittend. »Du hast nur Hohn davon. Hohn will junges Volk nicht ertragen.«

»Aber wenn du ein Mittel weißt –«

»Da gibt es keins.«

»Du hast doch –« fing Alma unsicher an. Aber Fieken Waterstraat raffte schnell die Blätter in ihrer Schürze zusammen und richtete sich hoch.

»Ja, ich habe dem Appelboom seine Kuh verhext, daß er sie an den Schlachter verkaufen mußte«, rief sie voll Bitterkeit aus. »Und der Päuling vom Hirten hat durch mich die Bräune bekommen, und es stirbt keins in Dorf, ohne daß Fieken Waterstraat da mang gewesen sein soll.«

Alma war tief erschrocken über den harten Klang der Stimme. Da sagte Fieken Waterstraat:

»Du hast keine Angst vor mir. Es kommt sonst keiner her. Sie laufen alle davon, und man sieht gern einmal ein junges Gesicht – helfen kann ich dir nicht – doch du könntest in der Nacht mal auf meine Wiese gehen. Da wächst das Tausendgüldenkraut. Der Mond muß in die Blüten scheinen. Die pflückst du und legst sie dem kleinen Mann aufs Herz, ehe die Sonne wiederkommt. – Aber wenn er sterben muß –« Sie hielt einen Augenblick inne, dann sagte sie leise: »Wenn er sterben soll, können Menschen nichts tun. – Geh jetzt«, sagte sie so kurz, daß Alma erschrocken einen Schritt zurückging. Doch Fieken schien ihre Worte zu bereuen. Sie folgte Alma in den Flur und flüsterte ihr zu: »Es geht alles vorüber, mit mir, mit dem lütten Buern und auch mal mit dir. Wir können nichts halten. Du bist eine gute Deern – denk daran: alle Wunden heilen.«

Alma fühlte etwas Trockenes in ihrer Hand. Fieken Waterstraat hatte ihr ein Reis hineingeschoben. »Das hält die Tränen ein«, sagte sie. »Doch vorerst wollen Tränen fließen.« Sie schob Alma aus der Tür.

Alma stand wie benommen vor den zusammengewachsenen Hecken, zu deren Füßen ein Stückchen vom hellen Sandweg der Dorfstraße mit dem blendenden Sonnenlicht hindurchschimmerte. Sie blickte noch einmal durch das kühle Dickicht der Holunderbüsche zum Hasenkaten zurück. Die Tür war wieder geschlossen, und kein Laut war von drinnen zu vernehmen. Sie betrachtete das Kräuterreis in ihrer Hand und schob es in die Tasche. Sie wollte nicht mehr an die Worte denken, mit denen Fieken Waterstraat es begleitet hatte. Dennoch spürte sie in sich, daß Fieken Waterstraat recht bekommen würde. Dem lütten Buern konnte kein Mensch helfen. Der Doktor hatte dem Vater auf sein Drängen hin ehrlich gesagt, daß sein Herz von Geburt an schwach gewesen sei und das Leben nicht lange halten könne. Kinder liefen lachend die Dorfstraße entlang. Alma sah ihre nackten, braunen Beine und erkannte ihre Stimmen. Sie erspähte durch die Hecke, daß eines der kleinen Mädel ein Springseil zu schwingen begann. Die anderen sangen dazu:

»Hannchen, Dannchen, Dittchen, Dattchen –«

Alma wandte sich um. Entdeckten die Kinder sie, würden sie ihr keine Ruhe lassen, bis sie nicht wenigstens einmal mit ihnen im Seil gesprungen war. Sie schlich leise um Fieken Waterstraats Katen herum und kam zu der Wiese, die sich an den verwahrlosten Garten anschloß.

Dort sah sie die roten Sternchen des Tausendgüldenkrauts verborgen im hohen Gras. Fieken Waterstraat hatte es gut mit ihr gemeint, als sie vom Tausendgüldenkraut sprach. Sie wollte ihr eine Hoffnung geben, aber mehr bedeutete es nicht.

Alma setzte sich an den Wiesenrand und pflückte einen kleinen Strauß. Den sollte der lütte Buer auf seiner Decke sehen. Vielleicht konnte er sich an den rosa Sternchen noch erfreuen. Alma starrte mit den Blumen in der Hand vor sich hin. Ein Schleier zog langsam über die Wiese. Der lütte Buer wurde nicht groß, und sie kam nicht fort vom Hof!

XVII.
Die Scheideglocke und der Folgenzug

Eine dichte, graue Decke hatte den Himmel bezogen. Am Vormittag hatte ein leiser Zug aus Südwest die Flagge auf dem Falkschen Gehöft, die auf Halbstock stand, ab und zu ein wenig ausgefaltet. Seit der Mittagstunde hing das Tuch müde an der Flaggenstange herab und rührte sich nicht.

Tanten Anna und Clara schauten am Küchenfenster Annemieke nach, die in ihrem Konfirmationskleid, einen Kranz aus bunten Astern am Arm, zum Falkschen Gehöft voranging. Anna wischte mit dem Küchentuch das Fenster ab, das beschlagen war, doch ihre unaufhaltsam tränenden Augen ließen weiterhin draußen alles wie in einem Nebel erscheinen.

Tante Clara hatte die weißen Folgetücher[36] aus der Kommode geholt und faltete sie mit zitternden Händen auf dem Tisch zusammen, wie es sich gehört. Es war für beide wohl auch bald an der Zeit, hinüberzugehen. Noch lagen die Wiese und die Katen an ihrem Rande so still da, als hielten sie den Atem an vor dem letzten Entschluß, der gefaßt werden mußte. Der lütte Buer wurde heute zum Friedhof gefahren.

Tante Anna machte das Fenster auf, denn soeben trat Kapitän Langhinrichs aus seinem Hause. Er hatte seinen schwarzen, langschößigen Feiertagsrock an und trug einen Zylinder auf dem Kopf. Kaum war er ein paar Schritte gegangen, stürzte der kleine Hinrich hinter ihm her. Der Schiffer wandte sich unwillig um und schickte ihn zurück. Doch der Junge weigerte sich laut. Da gab Kapitän Langhinrichs ihm schließlich seine große, rote Hand, und nahm ihn mit. Jetzt tauchten hinter dem Jasmin Vater und Sohn Ohlerich auf, beide im blauen Rock, die Sonntagsmützen auf dem Kopf. Der alte Ohlerich trug unter den blauen Hosen seine hohen Stiefel, und die Hosenbeine verfingen sich bei jedem Schritt in dem weiten Schaft. Der Alte wirkte wie ein Troll neben dem großen, schlanken Sohn.

Von der anderen Seite kam Appelboom, der den abgelegten Zylinder vom Schulzen trug. Der Hut war für seinen breiten Kopf zu klein, so daß das weiße Haar über die Krempe hinausstand. Frau Krüger hatte

---

[36] Die Farbe der Trauer war nicht wie heute schwarz, sondern weiß, die Frauen »folgten« dem Beerdigungszug mit einem weißen Kopftuch.

erst im letzten Augenblick an dem ergrauten Hutflor die Spinnengewebe entdeckt und abgewischt.

Tanten Anna und Clara holten die Kränze aus der Kammer, jeder mit roten Dahlien im Tannengrün. Da stapfte ein Stock unter dem Hause vorbei, es war also auch Daniel Rose schon auf dem Weg.

Tanten Anna und Clara zitterten die Hände, als sie das Folgetuch über den Scheitel legten und eine der anderen den Zipfel glatt über den Rücken strich. Ehe sie die schwarzen Handschuhe überstreiften, mußten noch einmal die Taschentücher heraus. Dann griff jede entschlossen nach ihrem Kranz.

Der kleine Sarg mit dem lütten Buern stand schon von Blumen überdeckt auf dem Bauernwagen, an dessen Stulpen zu beiden Seiten die Kränze dicht bei dicht aufgereiht wurden. Aus der Diele traten die dunklen Gestalten wie eine schwarze, schwerfällige Masse heraus. Das ganze Dorf schien mitzugehen. Es blieb nur ein kleiner Verwandtenkreis bei der Bauersfrau im Hause zurück.

Hinter dem Wagen trat langsam die Folge an. Der Bauer half der Totenfrau[37] auf den Bock hinauf und nahm neben ihr Platz. Die Pferde zogen an. Es war, als wußten die beiden Braunen, welch einen Weg sie zu gehen hatten. Sie senkten die Köpfe tief und hoben die zottigen Beine mit den breiten Hufen so langsam, als gälte es, eine schwere Last zu ziehen.

Als der Wagen den Hof verlassen hatte, trat die Kaufmannsfrau in die Ladentür, um das lange Gefolge an sich vorüberwandern zu sehen. Da der Bauer den Wagen fuhr und seinem kleinen Sohn auch diese letzte Ehre noch antat, schritt Alma als erste allein hinter dem Wagen her. Dann schlossen sich die Männer an, von denen jeder gleichsam vereinzelt ging. Die Frauen dagegen hatten sich von vornherein zu zweien und dreien hinter den Männern angereiht. Noch fiel nur tropfenweise unter ihnen ein Wort über das Schicksal, das den Falkschen Hof so hart traf. Dann wurde flüsternd weitergetragen, was die Bäuerin einmal gesagt haben sollte, ehe der lütte Buer auf die Welt kam. War nicht auch jeder von ihnen wunderlich zumute gewesen, als sie den kleinen Klaas zum erstenmal sah, und hatte nicht einmal Fieken Waterstraat lange an seinem Wagen gestanden?

---

[37] Die Stelle eines heutigen Beerdigungsinstituts nahm auf dem Dorf eine offiziell eingesetzte »Totenfrau« ein.

Die Kaufmannsfrau hatte sich schon in ihren Laden zurückgezogen und wischte die Theke nach, da fiel ihr Blick hinaus, denn soeben schien etwas Weißes vorübergehuscht zu sein. Sie ging so eilig hinaus, daß die Schelle aufgeregt hinter ihr beberte. Lief da nicht Fiecken Waterstraat mit ihrem alten grauen Rock, auf dem Kopf ein zerknittertes weißes Tuch, hinter dem Zuge her? Die Krügerin glaubte den eigenen Augen nicht zu trauen. Der Zug war inzwischen zur Höhe des Kiels gelangt, wo die Dorfstraße in den breiteren Fahrweg zum Kirchdorf übergeht. Da war plötzlich die huschende Gestalt mit dem zerknitterten Tuch zwischen den Weiden verschwunden, und die Krügerin atmete erleichtert auf.

Es war eine alte Sitte und sie besteht auch heute noch, daß zur Stunde einer Beerdigung, die von einem der Nachbardörfer ihren Ausgang nimmt, der Küster auf den Kirchturm steigt und den Umgang[38] betritt, der unter dem Helm des Turmes liegt. Dort schaut er aus, bis er den Trauerzug in der Ferne ankommen sieht. Gleich fängt er zu läuten an. Die kleine Glocke, die die Scheideglocke heißt, begleitet den Zug nun auf seinem langen Weg an Feldern und einzeln liegenden Gehöften vorbei, über die Höhe, auf der der Wind fast niemals schläft. Sie läutet bis der Wagen an der Mühle den breiten Fahrweg wieder verläßt, um den Feldweg zum Friedhof mit der Kapelle einzuschlagen. Dann hebt die Glocke noch einmal zu läuten an, wenn der Geistliche das Gebet spricht und die Erde auf den Sarg fällt. Die Folge, die um den Toten versammelt war, löst sich langsam auf, die Männer begeben sich gleich wieder auf den Weg nach Haus. Die Frauen dagegen nehmen den Tag auf ihre Weise wahr. Da sie nun doch auf dem Friedhof sind, suchen sie die Gräber der Ihren auf und machen jedem einen kleinen Besuch. Sie weilen auch gern noch ein bißchen bei denen, die noch die frische Erde mit den verwelkten Kreuzen deckt. Dann schlagen sie in Gruppen den Weg ins Kirchdorf ein, denn dorthin kommt man sonst nicht während der Erntezeit.

---

[38] Der Wustrower Kirchturm besitzt als Besonderheit unter dem Spitzdach einen äußeren Umgang. Dieser ist eigentlich beim Neubau der Kirche 1869 für die Wustrower Seefahrtschule gebaut worden. Hier konnten die Seefahrtschüler Peilungen mit natürlichem Horizont üben. Durch den Bodden im Osten und die Ostsee im Westen war die Seefahrtschule Wustrow in der seltenen Lage, ihren Schülern eine wirklichkeitsgetreue Ausbildung mit dem Sextanten zu ermöglichen.

Kirche in Wustrow und Pfarrhaus

Aus den Taschen der Kleider wandert das Einkaufsnetz heraus. Bald streuen sich die weißen Folgetücher in den breiten Straßen unter den hohen, alten Bäumen aus, treten in den Kurzwarenladen ein, gehen vielleicht zum Bäcker und sprechen beim Schmied oder beim Stellmacher vor.

Es kann gegen Abend werden, ehe die letzten weißen Kopftücher auf der heimatlichen Dorfstraße wieder erscheinen. Es sind meist zwei, die so dicht nebeneinander gehen, als suchte eines bei dem andern Schutz.

Mit müde gelaufenen Füßen und müde geweinten Augen kehrten Tanten Anna und Clara zurück. Sie sprachen nichts mehr. Es war am Nachmittag vor dem Ladentisch und überall am Gartenzaun, wo man Bekannte sah, alles wieder und wieder gesagt. »Der Tod, des Lebens Teil«, wie Tante Anna so gerne sprach, hatte das Seine bekommen. Jetzt ging es erneut in das Leben hinaus.

Ab und zu blieben die Schwestern mitten auf ihrem Wege stehen, verschnauften ein wenig und nahmen das feuchte Taschentuch zur Hand. Sie seufzten dabei und dachten an Trennung und Einsamkeit, auch an die vielen unbekannten Gefahren, denen das Kind nun entgegenging. Die Reise zur Stadt war die nächste Station, die jeder Augenblick ihnen näher trug. Es lag nichts anderes mehr auf diesem Wege zum Abschiedstag.

XVIII.
Alma als künftige Bäuerin

Schließlich löste auch diesen Tag eine Sommernacht ab. Zwischen der Wolkendecke trat langsam ein Stern heraus und sandte sein stilles Licht in den dunklen, unendlichen Raum.

Die kleine Trauergemeinde auf dem Falkschen Hof hatte sich auf den Heimweg begeben. Nur Annemieke stand noch mit Alma vor der Tür und konnte sich nicht entschließen, Alma zu verlassen. Sie faßte Alma unter und wanderte mit ihr durch den Garten und über die Wiese bis an den Rand des Rohrs. Dort blieben beide stehen und schauten zurück. Kaum sichtbar waren die Dächer und Kronen der alten Bäume. Es ließ sich nur ahnen, wo Menschen wohnten. Kein Laut war zu vernehmen, außer dem leisen Schluchzen nach den vielen versiegten Tränen, das Alma nicht unterdrücken konnte.

»Ich hätte gern noch gewartet, Annemieke. Ich hätte gern noch ein Jahr gewartet, auch länger, zwei Jahre, viele, viele Jahre, Annemieke, wenn der lütte Buer nur am Leben geblieben wäre!«,

Annemieke strich Alma über das Haar, dann sanken ihr die Arme hinab. Kein gutes Wort fiel ihr ein, was sie Alma sagen konnte. Es gab keinen Trost. Für Alma war alles vorbei.

»Ich hatte bis zuletzt gehofft«, schluchzte Alma auf. »Ich konnte es einfach nicht glauben. Ich kann es mir auch jetzt noch nicht ganz richtig vorstellen, obwohl es wahr ist. Ich habe nämlich immer im stillen gedacht, Annemieke, er hätte weiterleben können. Alle anderen Kinder leben und werden groß! – Aber weißt du«, sie sprach leiser, als wollte sie Annemieke ein Geheimnis anvertrauen, »gleich nachdem er geboren war, wurde mir so merkwürdig angst um ihn; dabei sagte die Wehmutter, er sei völlig gesund. Die Angst war auch schnell wieder vorüber, und ich wollte nicht mehr daran denken. Ich wollte mich nur ganz furchtbar freuen, jeden Augenblick über ihn freuen. Ich habe auch nicht mehr daran gedacht, bis plötzlich die Angst wieder in mir da war. Ich mußte den Doktor heimlich bitten, daß er einmal vorbeikäme und nach ihm sehe. Und der Doktor, Annemieke – das weiß ich genau – der sah gleich, daß der lütte Buer nicht gesund war. Er sagte nichts, aber ich habe es gefühlt. Er schrieb auch etwas für ihn auf. Ich habe den Doktor, als er wieder zu seinem Wagen ging, noch gefragt, aber er fing gleich von etwas anderem zu reden an. Ein paar Tage später war er wieder da, dabei hatte keiner von uns ihn gerufen.«

Annemieke ging schweren Herzens neben Alma her. Gab es nichts in der Welt, gab es in der ganzen, großen Welt wirklich nichts, was Alma helfen und trösten könnte? Sie kam sich so armselig und machtlos vor, ja, sie fühlte eine Scham in sich über ihre eigene Hilflosigkeit.

»Wenn ich dir nur helfen könnte, Alma«, sagte sie nach einer langen Weile.

»Wie kannst du denn«, fiel Alma ihr ein wenig barsch ins Wort. »Kein Mensch kann mir helfen. Es ist eben alles vorbei!« Der Schmerz drückte ihr fast die Kehle zu. Sie konnte nicht weitersprechen und es dauerte lange, ehe sie sich wieder ein wenig beruhigt hatte.

Sie waren um Ohlerichs Haus gegangen. Annemieke wandte sich um, denn es schien ihr, als wäre hinter Toennies' Laden Licht gewesen. Sollte Toennies noch auf sein? Gewiß war er bei Licht eingeschlafen, so spät wie es schon war. Der Himmel hatte sich allmählich völlig aufgeklärt. wie ein flimmerndes Band von lauter silbernen Punkten zog die Milchstraße dahin. In ihrer Mitte flackerten einzelne große Sterne, als schauten sie auf sie herunter.

Alma hatte sich am Wiesenrand niedergelassen. Annemieke stand neben ihr und schaute unverwandt in den Himmel. Vielleicht gab es eine Sprache, die nur die Sterne sprachen, die aber Menschen nicht verstehen konnten. Vielleicht gaben die Sterne ihr sogar ein Zeichen auf ihre Weise, nur wußte sie es nicht zu begreifen. Vielleicht hatten die Sterne eine Hilfe bereit; denn es mußte eine Hilfe sein, auch wenn sie noch keine sah!

»Annemieke«, begann Alma leise, »ich wollte es eigentlich keinem Menschen sagen, denn es war gewiß Unrecht von mir. Aber Vater und Mutter grämten sich so, auch wenn sie es niemanden sehen lassen wollten. Mutter weinte jede Nacht, und Vater sprach kaum mehr ein Wort. Aber manchmal hatte ich große Angst um Vater. Er biß immer die Zähne zusammen und lief plötzlich hinaus und kam gar nicht wieder. Ich durfte nicht hinter ihm hergehen und ihn bitten, zurückzukommen. Doch einmal habe ich gesehen, wie er immerfort um die Scheune lief und dabei vor sich hinsprach. Ich konnte ihn nicht verstehen und mußte wieder hineingehen, um Mutter nicht zu lange mit dem kranken Kind alleinzulassen. Dann standen beide vor dem Bettchen, und Mutter hielt Vaters Hand fest. Schließlich machte Vater sich los und ging wieder hinaus. Er konnte wohl nicht mehr sehen, wie Mutter weinte. Da habe ich eines Abends Gott gelobt, wenn er nur den lütten Buern wieder gesund machen würde, wollte ich nie mehr etwas für mich haben. Ich wollte immer zu Hause bleiben und ihn behüten, ich wollte ihm immer helfen, mein ganzes Leben lang. Niemals wollte ich ein Kinderheim haben, überhaupt nichts für mich selbst, was mir Freude machen würde. Nur der lütte Buer sollte leben! Ich dachte, ich könnte Gott dadurch zwingen, daß er den lütten Buern nicht zu sich nähme. Aber dann, Annemieke – nun kommt das Schlimme – dann ertappte ich mich manchmal doch dabei, daß ich wieder an mein Kinderheim dachte. Ich sah es einfach plötzlich vor mir, denn es war mein schönster Gedanke in der ganzen Welt. Ich konnte nicht davon lassen, obwohl ich es Gott versprochen hatte. Kann es dann nun meine Schuld sein? Es kann doch nicht meine Schuld sein, Annemieke!«

Annemieke schüttelte den Kopf und kämpfte mit den Tränen. Sie konnte kein Wort herausbringen.

»Aber wie Vater mich heute so wunderlich ansah, als wollte er mich anflehen, und dabei sagte, daß der Hof nun doch mal in andere Hände kommen müßte, habe ich ihm versprochen, daß ich bei ihm bliebe und Bäuerin auf dem Hof werden wollte. Ich bleibe auch zu Hause, Annemieke, denn Großvaters Vater hat unseren Hof bereits gehabt und vor ihn sind auch schon Verwandte von uns darauf gewesen. Großvater hat die Scheune gebaut, Großvater hat auch schon in der Wiege gelegen, –« Sie schluchzte wieder.

Annemieke wollte sich neben sie setzen, da stand Alma auf und sagte: »Ich muß nach Hause. Ich kann doch nicht die Nacht auf der Wiese bleiben. Vater und Mutter ängstigen sich gewiß schon um mich.«

Annemieke wollte sie heimbegleiten, aber Alma litt es nicht. »Geh auch nach Haus! Beide Tanten sitzen gewiß auf und warten auf dich. Dank auch, daß du noch bei mir geblieben bist!«

XIX.
Reisevorbereitungen

Daniel schnitt einen halbrunden Flicken aus Sohlenleder und paßte ihn Peter Appelbooms altem Stiefel an. Kam eine eiserne Zwinge unter die Spitze, mochten die Stiefel ihn noch den Winter über auf allen seinen Gemeindewegen tragen. Von draußen schlug der Regen gegen die Scheiben der Werkstatt und rann in kleinen Bächen an ihnen herunter. Es tropfte vom Windbrett des Rohrdachs und gab jedesmal einen hellen Ton, wenn ein Tropfen auf den Rand der halben, eisernen Boje fiel, die Daniel Rose dort als Regentonne aufgestellt hatte.

Daniel warf zwischen der Arbeit mißbilligende Blicke hinaus. Er mochte solches Wetter nicht, dann gleich besannen sich die Leute darauf, wie schlecht es mit ihrem Schuhzeug bestellt war. Sie gedachten des Herbstes, der aufgeweichten Wege und der nassen Füße. Sie liefen in die Kammer hinter der Küche, wo die Winterschuhe standen, mit einer dicken Staubschicht des Vergessens überzogen. Sie kehrten die Schuhe um und entdeckten die Löcher in den Sohlen, die aufgeplatzten Nähte, die Risse am Oberleder, Schäden auf Schäden, wohin man sah. Schon jetzt konnte man eigentlich draußen nicht mehr in Holzpantoffeln gehen. Vor dem Haus blieb der Regen zwischen den Rollsteinen stehen, die Erde nahm ihn nicht mehr auf. Die aufgeweichten Wege saugten unter dem Fuß die Pantoffeln fest, und es war Zeit, wieder in die Stiefel zu steigen.

Nun ging es zu Daniel. Kein Tag war mehr zu verlieren. Das Korn war eingefahren, Der Sommer bald vorbei, und zur Hackfruchternte mußte man Stiefel haben. Es hatte den Anschein, als sollte der August nur aus Regen bestehen. Dann weichten die Äcker durch, ehe das Kartoffelsammeln begann. Eines Tages mußte man trotz Wetter und Wind dennoch hinaus, denn hinter den Kartoffeln standen gleichsam die Runkeln und Wrucken und warteten darauf, eingefahren und eingekuhlt[39] zu werden. Über den Rübenblättern lag manchmal dann schon der erste Reif, und die alten Leute im Dorf wußten von einem Jahr zu erzählen, da die Hackfrucht im Felde festgefroren war und nicht mehr eingebracht wer-

---

[39] In eine Miete bringen, um sie über den Winter frostfrei und haltbar zu lagern.

den konnte. Sogar ein Teil der Kartoffeln blieb damals auf dem Feld. Es brüllte das Vieh im Winter im Stall, und als das neue Jahr begann, hatte mancher der kleinen Leute schon seine einzige Kuh zum Schlachter gebracht, und Knappheit und Elend herrschten in jedem Haus.

Toennies saß in der Werkstatt, doch er hatte keine Schuhe gebracht. Er hielt nur den kleinen, leeren Sack noch zwischen den Knien, den er in der Küche ausgeleert hatte. Es waren Zander von der besten Sorte gewesen, die in Daniel Roses Blechwanne geglitten waren.

Toennies schaute zu, wie Daniel Rose den Flicken aufsetzte. Er hatte schon zugeschaut, wie der Flicken aus dem großen Lederstück herausgeschnitten wurde. Toennies saß dort so fest, als wollte er auch das Nageln noch erleben.

»So is dat all in de Welt«, sagte Daniel Rose und nickte Appelbooms Stiefel zu. Er mochte Toennies nicht ansehen.

Wenn zwei Menschen den gleichen, schweren Gedanken haben, den jeder auszusprechen sich scheut, wird der Raum eng, selbst wenn er nicht so klein und überfüllt wie Daniel Roses Werkstatt ist. Ja, dann bekommt man es schließlich mit einer beklemmenden Angst. Man knöpft die Jacke auf und rückt mit dem Schemel ein bißchen zurück, als würde die Luft zum Atmen reichlicher zur Verfügung stehen. Zuletzt gibt man sich den entscheidenden Ruck und steht auf.

Toennies war mit seinem kleinen Sack ohne Gruß hinaus gegangen. Ein leiser Seufzer blieb zurück. Daniel rief: »Dank auch für den Fisch«, hinterher und hörte schon seinen Schritt auf dem kurzen Flur. Er legte die Arbeit aus der Hand, als müßte er ausschließlich darüber nachdenken, ob Toennies nicht lieber zurückzurufen sei. Doch die Haustür hatte sich bereits hinter ihm geschlossen. Es war nur noch das Rauschen der Bäume zu hören und der leise singende Klang, mit dem ab und zu ein Tropfen den Rand der Regentonne erreichte.

Daniel Rose nahm den Stiefel wieder vor. Er durfte sich nicht länger versäumen. Es war ja in solchen Tagen, als hätte das ganze Dorf auf ihn acht und er wäre für alle der Mittelpunkt. Bei der Arbeit wanderten seine Gedanken im Kreise herum. Die Jungen, dachte er und wunderte sich selbst über den Weg, den seine Gedanken einschlagen wollten, – die Jungen müssen allein durch das Leben, genau wie wir. Es kann ihnen keiner abnehmen, was das Leben ihnen auferlegt. Darum wohl hören sie niemals genau unseren Worten zu, oder wir reden an ihnen vorbei. Man möchte sie manchmal packen und schütteln und ihnen in die Ohren schreien. Aber zu allem im Leben gehört Geduld – eine grenzenlose Geduld, wie sie der Herrgott dort oben uns täglich lehrt.

Fast lautlos war Annemieke in seine Werkstatt getreten. Sie hatte zum Schutz gegen den Regen die Schürze noch über dem Kopf und trug ihre guten braunen Schuhe eingepackt unter dem Arm. Sie wickelte die Schuhe aus dem Zeitungspapier und sagte, Tanten Anna und Clara hätten gemeint, die Hacken müßten ein bißchen grade gemacht werden; eigentlich sei es aber noch kaum zu sehen, daß die Schuhe getragen wären.

Daniel Rose warf einen Blick darauf und sagte kürzer, als es sonst seine Art war:

»Leg sie weg. Im Regal ist noch so viel Platz.«

Annemieke fragte besorgt: »Machst du sie mir auch bald, Daniel?«

»Hat wohl Zeit.«

Annemieke erschrak: »Ich muß sie für Hamburg haben, das weißt du doch.«

»Was willst du denn da?« fuhr es Daniel Rose heraus. Dann aber stand er auf, schob sich mit seinem lahmen Fuß an das Regal heran, nahm die Schuhe wieder heraus und sagte:

»Laß schon gut sein. Ich mache sie bald.« Er dachte an des Herrgotts unendliche Geduld und fügte hinzu: »Kannst auch gleich darauf warten.«

Annemieke saß auf dem Schemel und trocknete sich mit der Schürze die Regentropfen aus dem Gesicht. »Ich fahre nämlich bald«, sagte sie. »Warst du schon mal in Hamburg, Daniel?«

Daniel Rose hatte wieder sein freundliches Gesicht.

»Sogar noch ein bißchen weiter darüber hinaus«, lächelte er.

»Ach, richtig, du bist ja zur See gefahren«, sagte Annemieke. »Du, ist es nicht wunderschön in Hamburg? Da soll ein See mitten in der Stadt sein. Am Ufer stehen hohe Bäume. Prächtige Häuser liegen dahinter mit vielen, vielen breiten Fenstern. Und manche Türen sind fast schon so hoch wie die Häuser bei uns. Auf dem Wasser schwimmen Schwäne und spiegeln sich, Schwäne, genau wie auf dem einen Bild in meinem schönen Buch. Du weißt doch noch, das Märchen von den sechs Schwänen, das ich dir früher einmal vorgelesen habe? Auf dem Wasser fahren auch lauter Boote mit schneeweißen Segeln – hast du so etwas Schönes schon einmal gesehen, Daniel?«

Sie wartete kaum auf Daniels wortlose Zustimmung und erzählte weiter: »Denk nur, Daniel, in den Läden – die haben nämlich auch große Fenster, damit man von draußen alles sehen kann – da blühen Blumen aus der ganzen Welt. Blumen, die sogar wie bunte Tiere aussehen. Frau Krüger sagt, sie heißen Orchideen. Ich soll auch einmal in ein Konzert gehen. Frau Krüger will mich mitnehmen. Dazu muß man sich gewiß sehr fein machen, Daniel. Da ist ein großer Saal mit vielen Lichtern, viel größer als unser Saal hinter dem Krug, und auf der Bühne wird Musik gemacht. Dort steht eine wunderschöne Frau und geigt. Ihr Haar ist wie Gold und liegt in einer glänzenden Welle über der Stirn. Sie hat ein helles Kleid an, das in lauter Falten bis auf den Fuß sinkt, und an der Hand einen kostbaren Ring. Das ist ganz gewiß eine Prinzessin, Daniel.«

»Woher weißt du das?« lächelte Daniel.

Annemieke erschrak, denn das war Ortwins Geheimnis. Kein Mensch durfte es wissen, nur ihr hatte er es anvertraut. Sie wurde rot und schaute weg, aber Daniel wiederholte seine Frage nicht. Er hatte den einen Absatz fertiggemacht. Am anderen fand sich nicht das Geringste zu tun. Er bewegte den Schuh über der Hand prüfend hin und her. Dann wandte er sich auf seinem Arbeitsbock um und zog einen Zigarrenkasten heran, der sein Putzzeug enthielt. Er rieb beide Schuhe mit seinem feinsten Krem, der fast durchsichtig war, über und über ein und bürstete sie liebevoll bis in den schmalen Spalt zwischen Oberleder und Sohle. Zuletzt nahm er sogar noch ein Tuch und rieb alles nach.

»Jetzt kannst du Staat machen, Annemieke«, lachte er. »Aber du mußt die Schuhe in Hamburg sorgsam schonen«, meinte er väterlich. »Für Alltags und um auf dem harten Pflaster zu gehen, genügen die Rindlederschuhe, die ich dir im letzten Jahr gemacht habe. Passen müssen sie noch, wir haben sie damals noch ein bißchen auf Zuwachs gerechnet. Vergiß also nicht, daß wir diese braunen Schuhe in der Stadt schön in Acht nehmen. Wir hier möchten nämlich manchmal auch etwas Hübsches sehen.«

XX.
Eine Enttäuschung

Annemieke stand vor der Pforte und winkte, bis der Wagen den Kiel erreicht hatte und dort abbog. Sie sah als Letztes Ortwins Mütze, die hin und hergeschwenkt wurde, und trat mit vor Aufregung heißen Wangen in den Vorgarten zurück.

Auf der Bank vorm Haus lag der große Strauß roter und weißer Georginen,[40] den Frau Krüger sich noch geschnitten hatte. Die Blumen waren im Trubel der Abreise vergessen worden. Noch im letzten Augenblick, als alle den Wagen bestiegen, hatten Tanten Anna und Clara Doktor Krügers schönen Kieker in der braunen Lederhülle am Haken des Ofens entdeckt und waren damit hinausgelaufen.

Alle Türen im Hause standen auf. Appelboom schüttete einen Eimer in der Grube[41] aus. Toennies ging durch den Garten heim. Er war gerufen worden, um das Gepäck auf dem Wagen zu verstauen. Peter Appelboom sah ihn davongehen und rief hinter ihm her; er wollte gewiß noch eine Handreichung von Toennies haben. Doch Toennies schien ihn nicht zu hören. Der Wind, der durch die Bäume rauschte, übertönte wohl Appelbooms Stimme.

Toennies hatte seinen Namen doch gehört, aber er wollte nicht umkehren. Er begann vielmehr, schneller zu gehen. Jetzt war er unterhalb des Doppelkatens und fing zu laufen an, als würde er gejagt. Jeder Windstoß, jedes Ächzen der Bäume, die Möwe, die auf einer Bö zum Haff hinübersegelte, und das wehende Rohr – alles hatte die gleiche Stimme für ihn. Alles umbrauste ihn mit den Worten, die vom anfahrenden Wagen herunter Annemieke zugerufen waren: »Auf baldiges Wiedersehen in Hamburg bei uns!«

Ob Ortwin oder Frau Krüger diese Worte gerufen hatten, wußte Toennies nicht einmal genau; denn nachdem er die Koffer hinaufgehoben hatte, war er gleich um Appelhooms Haus herumgelaufen, als wollte er sehen, ob auf der Hofseite noch irgend etwas liegengeblieben sei. Bauer

---

[40] Frühere Bezeichnung für Dahlien.
[41] Appelboom entleerte den Fäkalieneimer des Trockenklos in die Mistkuhle, die auch die Hinterlassenschaften des Viehs (Kuh, Schwein, Geflügel) aufnahm und deren Inhalt später Feld und Garten düngte.

Der Ziehbrunnen war die Wasserleitung

Falk hatte seine Pferde angesprochen, die Räder des Wagens hatten geknirscht, und da war bis zu ihm der Ruf gedrungen, der Annemieke galt und dem sie folgen wollte.

Auf baldiges Wiedersehen in Hamburg bei uns! krächzte ein Rabe vom Kartoffelacker herüber. Toennies lief auf den Hof und schaute sich um. Nicht ein Stück Holz lag dort, an dem man hätte kloben oder wenigstens zersägen können, nur Gestrüpp aus dem Garten, das jedes Kind über dem Knie kleinbrechen könnte. Er sah einen Eimer und holte Wasser aus dem Ziehbrunnen, ließ aber den Eimer gefüllt danebenstehen, denn seine Augen waren auf einen offenen Kasten gefallen. Dort drinnen lag der kleine hölzerne Kranz mit den sauber ausgesägten Gliedern, den er für den lütten Buern gemacht hatte. Nur mit grüner Farbe mußte der Kranz noch angestrichen werden, dann war er fertig. Annemieke hatte ihn haben sollen, sie hatte gewiß Freude daran, ihn Alma zu schenken oder selbst auf den Friedhof zu tragen.

Farbe war noch im Schuppen. Auch ein fast neuer, dünner Pinsel mußte dort liegen. Toennies begann, nach dem Pinsel zu suchen, dabei fiel ihm ein Stück dünnes Blech in die Hände. Die Polt hatte ein Leck am Boden. Das Leck mußte gedichtet werden und zwar am besten nicht mit Werg, sondern mit Blech.

Es war ein tüchtiges Gewicht in der Polt, doch wenn er sich ordentlich ins Zeug legte, würde er sie wohl allein auf Land ziehen können. Sobald man nur etwas unter die Finger bekam, was eines Mannes würdig war, hörte man keine Rufe mehr.

XXI.
Zwei verschiedene Pläne

Im Appelboomschen Hause herrschte noch höchste Geschäftigkeit. Tanten Anna und Clara waren dabei, in Krügers Zimmern die Gardinen von den Fenstern zu nehmen. Auch sie waren von einem Eifer, als wollten sie etwas übertönen und nicht zum Denken kommen.

Annemieke zog die Betten ab, legte das letzte Tischtuch dazu und nahm die Mundtücher aus den Ringen. Dann ging sie in die Küche, um das Geschirr vom letzten Mittagessen zu spülen. Hinterher konnten die Küchentücher gleich noch zur Wäsche kommen, und zum Winter lag alles wieder säuberlich im Schrank.

Doktor Krüger hatte ein Paar Stiefel abgelegt, feine Stiefel, an denen eigentlich kaum ein Schaden zu sehen war. Freilich war das Oberleder dort, wo die Kappe sich anschloß, ein bißchen brüchig geworden, doch wozu hatte der Schuster Nadel und Faden? Appelboom hielt die Schuhe in der Hand und untersuchte sie liebevoll von allen Seiten. Sogar die Absätze waren noch grade. Er machte sich gleich zu Daniel Rose auf den Weg.

Tanten Anna und Clara hatten die Gardinen mitgenommen. Annemieke sollte die Hauswäsche nachbringen, wenn sie fertig mit allem war. Sie war jetzt allein im Haus und ging langsam durch die Räume, um sich zu vergewissern, daß alles seine Ordnung bekommen hatte.

Annemieke fühlte sich in diesem Augenblick wie die Herrin im Haus. Wie schön mußte es sein, einmal sein Eigenes zu haben, in dem man nach Herzenslust schalten und walten konnte, ein Haus zu besitzen, das jeden Tag neuer Pflege und Sorge bedürfe. Alles bei ihr sollte blitzsauber sein, so daß jeder, der es sah, seine Freude daran hatte. Niemals gewiß würde sie müde werden, für Stube und Kammer, Küche und Keller, für das Drinnen und Draußen tätig zu sein! Man brauchte kein so großes Haus, wie Appelbooms Haus. Es war für Peter Appelboom ja auch zu groß gewesen; er konnte es nicht mehr halten, mußte verkaufen und aufs Altenteil gehen. Ein großes Haus kostete viel Geld. Mein Haus soll klein sein, dachte Annemieke, damit man es gut erhalten kann. Eine Stube, zwei Kammern, Küche und Boden, das war genug. Rund um das Haus mußte der Garten liegen, in dem es aber keine Wildnis und kein

Unkraut geben sollte! Vor dem Hause saubere Beete mit bunten Blumen, und hinter dem Haus ein Gemüsegarten, mit Beerensträuchern eingefaßt, so wie der Garten bei Toennies angelegt war. Nur daß Toennies zu wenig Zeit für den Garten fand. Dort waren die Beerensträucher zu alt und trugen schlecht, und im Übrigen wurden nur Kartoffeln und ein bißchen Wurzeln und Salat gepflanzt. Ihr eigener Garten sollte wie ein Schmuckkästchen aussehen! Im ganzen Hause mußten die Fenster blitzen und grüne Läden mit grauen Streifen haben, die jedes dritte Jahr frisch gestrichen wurden. Wie ein kleines Schloß mußte man sein eigenes Haus halten. Bei einem Schloß kam es gewiß nicht nur auf die Größe an. Es mußte auch kleine Schlösser geben. Aber immer sahen sie gut gehalten aus. Jeder, der vorüberging, mußte gleich wissen, wie glücklich die Menschen waren, denen es gehörte und die dort drinnen wohnen durften. Kam man herein, wunderte man sich noch viel mehr; denn da waren alle Fußböden wie Spiegel blank, die sauberen Steine im Flur wie neu. In der Stube stand immer ein frischer Blumenstrauß und vielleicht duftete es grade nach Kaffee im ganzen Haus. Man sah es auf den ersten Blick, daß in diesem Schloß frohe und zufriedene Menschen lebten!

Annemieke war in Appelbooms Kammer getreten. Dort sah es nicht wie in einem Schloß aus. Sie stieß das Fenster auf. Die Luft in der Kammer war so verbraucht, daß man kaum atmen mochte. Auf dem Fensterbrett stand eine angeschlagene Tonschale, bis an den Rand mit Tabakresten aus Appelbooms Pfeife gefüllt. Annemieke leerte als erstes die Schale im Kücheneimer aus. Der alte Vorhang zur Garderobe war nicht nur verstaubt, sondern über und über mit Fliegenspuren beschmutzt, ebenso die weiße Lampenglocke über dem Tisch, die förmlich gesprenkelt war. Und wie sah der Fußboden aus! Annemieke legte im Herd noch einmal Holz nach. Der Fußboden mußte von Grund auf gescheuert werden. Sie fegte voll Eifer auf und brachte allein unter dem Bett eine ganze Kehrichtschaufel voll Staubflocken heraus. An Appelbooms Gardinen hatten Tanten Anna und Clara nicht gedacht. Annemieke nahm sie ab und schüttelte sie erst mal am Fenster aus.

Sie lauschte. Kam Peter Appelboom zurück? Er würde gewiß böse sein, daß sie sich in seiner Kammer zu schaffen machte, denn er ließ dort nicht gern jemanden herein. Nein, es war nichts zu hören. Sie hatte sich wohl getäuscht, als ihr schien, daß jemand in den Flur gegangen sei.

Annemieke holte den Aufwascheimer und Schrubber. Sie schob das Bett ab und kniete auf dem Fußboden, um auch die Scheuerleiste bis in die Ecke hinein mit dem nassen Feudel aufzuwischen. Das war gewiß noch niemals geschehen, seit Peter Appelboom sein Altenteil bezogen hatte. Unter dem Schrubber wurde der Fußboden allmählich ein wenig licht, schließlich kam ein grauer Anstrich zutage, der nur dort, wo Appelboom immer mit seinen schweren Stiefeln saß, vollständig abgetreten war.

Noch einmal wurde neues Wasser geholt, denn jetzt machte es erst richtig Spaß, da man sich vorstellen konnte, wie sauber und hübsch es in der Kammer werden würde, wenn nur die Arbeit gründlich geschah.

Annemieke begann zu singen, während sie mit einem trockenen Lappen in alle Ecken fuhr. Sie dachte an Hamburg, an all das Neue, Geheimnisvolle und Wunderbare, was dort auf sie wartete. Bald durfte sie auf die Reise gehen. Nur manchmal wurde ihr ein wenig angst, wenn Tanten Anna und Clara seufzend über die vielen Gefahren sprachen, die ihr begegnen konnten.

Jetzt schien Appelboom aber wirklich zurückzukommen! Annemieke schob sein Bett schnell wieder an die Wand und schaute sich befriedigt um. Appelboom konnte nicht böse sein, wenn er seine Kammer so sauber sah!

»Noch immer hier? Ich hörte dich schon von weitem singen.« Alma trat mit der Drahtschwinge auf bloßen Füßen in die Küche. Sie kam vom Feld.

»Du kriegst wirklich Grund hier herein«, lachte Alma und schaute in die Kammer. »Ich helfe dir schnell noch ein bißchen«, setzte sie hinzu und packte Schrubber und Eimer an.

»Das war aber Zeit«, rief sie mit einem Blick auf das schmutzige Wasser.

Annemieke sah ihr verwundert nach. Da kam Alma zurück und griff nach Appelbooms Stuhl. »Auch schon abgeseift?«.

Annemieke nickte und konnte ihre Augen nicht von Alma abwenden. Es schien, als hätte Alma wieder ihre alte, frohe Art bekommen.

»Du, Annemieke, die Fensterbank müssen wir auch scheuern. Ein bißchen weiße Farbe sitzt nach darauf, aber vor Schmutz wirklich kaum mehr zu sehen!«

Alma fiel gleich mit der Bürste über die Fensterbank her. »Häng' schon die Bilder wieder auf,« sagte sie, ohne sich umzusehen. »Dann geht's an die Tür. Ich bin gleich hier fertig und helfe dir dabei.«

Sie scheuerten beide die Tür und waren so eifrig, daß sie nicht bemerkten, wie Toennies in einigem Abstand am Kammerfenster vorüberging. Erst als er vorbei war, hörten sie seine Stimme, die laut herausstieß: »Ich gehe nach Amerika!«.

Beide liefen zum Fenster, da sprang Toennies schon die Dorfstraße in vollem Trab hinauf.

»Toennies will nach Amerika«, lachte Alma und schnaufte vor Scheuereifer. »Die Klinke könnte auch mal neuen Eisenlack gebrauchen«, setzte sie hinzu.

Annemieke nickte abwesend. Warum wollte Toennies nach Amerika, dachte sie. Er hatte gewiß nur einen Spaß gemacht und uns necken wollen, dann was wollte Toennies in Amerika?

»Annemieke, du darfst aber nicht über mich lachen, sonst laufe ich auch gleich davon«, sagte Alma plötzlich. Sie hockte sich auf die Erde und sah Annemieke von unten ein bißchen verstohlen an.

»Also nicht lachen, Annemieke«, bat sie noch einmal und warf ihr Wischtuch, zu einem Knäuel geballt, gegen die Wand. »Manchmal begreift man selbst nicht«, sagte sie, »wie man sich so verrennen kann. Als hätte man Scheuklappen vor den Augen gehabt. Oder wie der kleine Bock, den wir mal hatten. Weißt du noch, Annemieke, der wollte immer durchaus mitten durch die Wand aus dem Stall hinaus. Wir hatten alle Angst, er würde sich die Stirn zerschlagen, so wütend stieß er gegen das Holz. Genau so dumm bin ich auch gewesen.«

Sie schaute zu Annemieke auf und war bis unter die Haarwurzeln rot, als schämte sie sich. Aber in ihren Augen lachte verstohlen ein Schalk.

»Genau so dumm und verrannt war ich nämlich auch«, wiederholte sie und knüllte ihre Schürze zusammen, als hätte sie sie am liebsten hinter dem Wischtuch hergeworfen. »Du hättest übrigens auch auf den Gedanken kommen können, Annemieke, aber du hast wohl nur dein Hamburg im Kopf und all den Staat, der für deine Reise hergestellt werden soll. Ich nehme dir das auch nicht übel. Außerdem bist du ein ganzes Jahr jünger als ich und liest noch immer in Märchenbüchern wie ein kleines Kind«, lachte sie. »Man kann es nämlich ganz anders machen und sogar besser, du!«. Sie zupfte Annemieke heftig am Rocksaum, als wollte sie sie aus einer Traumwelt herausreißen. »Du mußt dir die Sache mal von einer ganz anderen Seite aus ansehen. So, als wenn man sich bückt und guckt zwischen seinen Beinen hindurch, wie wir es früher manchmal gemacht haben. Dann sah alles völlig verändert aus, weißt du noch? Es ist nämlich so: Zwanzig oder gar dreißig Kinder – unter dem wollte ich es früher ja nicht tun – die kann man gar nicht allein pflegen und erziehen. Und hat man sie mit aller Mühe gesund und froh gemacht, muß man sie überdies wieder hergeben und mit neuen Kindern von vorn anfangen. Aber wenn man nun eigene Kinder hat – –«.

Alma zog Annemieke am Rock gewaltsam neben sich auf die Erde.

»Nun mach nicht so große Augen, sondern hör' ein bißchen verständig zu«, sagte Alma und tat ganz erwachsen. »Ein Kinderheim haben und Jugendleiterin werden, ist schön. Aber es gibt etwas noch viel Schöneres. Man heiratet und hat eigene Kinder, viele, viele eigene Kinder! Man sucht sich einen Mann, natürlich einen netten Mann, den besten, den es überhaupt gibt, und natürlich einen, der auch viele Kinder haben möchte. Selbstverständlich muß mein Mann ein Bauer sein, am liebsten der zweite oder dritte Sohn von einem Hof. Denn unser Hof soll niemals in fremde Hände kommen. Das kann ich Vater und Mutter nicht antun. Außerdem will auch ich es nicht. Auf unserem Hof ist Platz genug für unsere Kinder. Wir können später ja auch ausbauen oder anbauen!« Sie schlug Annemieke auf die Schulter.

Annemieke schrak zusammen, denn sie war mit ihren Gedanken schon auf Almas Hof gewesen und sah Almas viele frohe Kinder überall herumtollen, größere und kleinere. Alle hatten Almas strahlende Augen und flinken Beine und festen, braunen Arme.

»Na, was sagst du dazu?«, lachte Alma. »Und darauf bis ich erst heute gekommen, mitten auf dem Felde ist es mir eingefallen. Da konnte ich kaum abwarten, es dir zu sagen. Eigentlich dürfte ich hier gar nicht helfen. Ich muß schleunigst nach Hause und das Abendbrot fertig machen. Aber wie ich hier hereinkam und dich mitten beim Scheuern fand, wußte ich plötzlich nicht, wie ich anfangen sollte. Ich wollte ja auch nicht, daß du mich gleich auslachen würdest. Da fing ich aus lauter Verlegenheit auch mit Scheuern an. Übrigens kannst du mich doch gern auslachen, denn ich war dumm und verrannt, das weiß ich jetzt selbst.

Aber ich bin so glücklich, weil nun alles anders ist und wunderschön werden soll, auch für Vater und Mutter!«.

Und als käme es ihr wirklich nicht darauf an, was Annemieke zu sagen hätte, sprang sie auf und machte mit beiden Händen eine lange Nase, ehe sie aus der Kammer verschwand.

XXII.
Endlich, ein Gespräch

Wenn das Rohr wie ein goldener Saum das blaue Haff umschließt, ist der Sommer vorbei. Die Vögel sind bereits auf die Fahrt zum Süden gegangen. Es rauscht ein kühler Wind durch Rohr, Busch und Baum. Die Birnen haben ihre Ernte des Jahres schon verschenkt, nur Äpfel hängen noch allerorts und saugen mit ihren roten und gelben Backen die letzte Sonnenwärme ein. Mitunter fliegt ein Schmetterling wohl noch durch die Gärten dahin, ruht einen Augenblick auf dem dicken, gelben Tageteskopf mit seinem strengen Duft und läßt sich dann zwischen den Herbstchrysanthemen nieder, für die der Sommer an seinem Ende erst beginnt. Sie blühen, wenn Mohn, Akelei und Rittersporn schon ihre dunklen, feinen Samenkörner der Erde wiedergaben und ihr Blattwerk dahinwelken darf.

Die Chrysanthemen in Annemiekes Garten können in diesem Jahr die Fülle ihrer Blumen kaum tragen. Sie haben sich tief zum Boden geneigt und breiten ihre kupferroten Blüten nach allen Seiten aus. Einige sind schon in wenigen Tagen verblaßt, verlieren ihr Kupferbraun, werden gelb und zuletzt sogar ein klein wenig violett. Andere dagegen bewahren ein tiefes Rot, halten sogar der ersten Frostnacht tapfer stand und trotzen sich noch eine Stunde des Lebens ab. Doch noch hat der Himmel am Abend einen warmen Glanz. Die Sonne wandert hinter den Feldern in Schleier gekleidet dahin. Es währt schon ein Weilchen, ehe im Norden die gläserne Klarheit der Luft erscheint, welche die kalten Winde verheißt, unter denen die Erde in einer Nacht erstarrt und alles Leben im Garten erstirbt.

Tante Clara wischte den Spiegel zwischen den Fenstern der Schneiderstube ab und polierte das fleckige Glas über der verrunzelten Silberschicht. Tante Anna schaute ihr zu und seufzte leise dabei. Sie nahm mit dem Finger verstohlen einen Tropfen vom Augenlid ab. Annemieke stand still dabei und wartete voll Spannung auf ihr neues Festtagskleid.

Tanten Anna und Clara hatten das Kleid in vielen Abendstunden allein genäht; es sollte für Annemieke eine Überraschung sein.

Annemieke sah jetzt die matte, ein wenig vergilbte Seide mit dem zarten Muster der kleinen Ranken und Blätter darin, die Tante Clara in der Kammer von ihrem Bett nahm und achtsam herübertrug. Dann mußte sie ihre Augen schließen. Tanten Anna und Clara kleideten sie an.

Annemieke fühlte den weichen, kühlen Stoff am Hals. Sie wurde ein wenig hin und her gezogen. Die Tanten zupften an den Schultern und am Saum. Annemieke hörte Druckknöpfe schließen und bekam einen kleinen Puff ins Kreuz, weil sie gewiß nicht ganz grade stand.

Annemieke schlug die Augen wieder auf und erblickte im Spiegel ein Bild. War das wirklich ihr eigenes Bild, das aus diesem Spiegel mit seinen vielen Nebelflecken zu ihr herüberschaute?

Sonnenlicht flimmerte in blondem, verwirrtem Haar, auf braune Haut am Hals, über ein schimmerndes, weißes Kleid, das rund ausgeschnitten war, unter der Brust ein wenig zusammengehalten und am Spiegel herunterzufließen schien. Rechts und links von dem Bilde standen Tanten Anna und Clara und zupften noch hier und zupften nach da. Dann blickten sie ebenfalls auf, und Tante Clara flüsterte, während sie ehrfürchtig einen Schritt zur Seite trat: »Wie eine Braut!«. Clara, von Rührung fast übermannt, sprach ihr ebenso leise diese Worte nach.

Annemieke schaute befangen an sich hinab, ob es wohl möglich wäre, daß sie das sei, Schneiderinnens Annemieke, wie man im Dorf von ihr sagte, aber auch die gleiche Annemieke, die bald auf die große Reise in die geheimnisvolle Ferne ging. Vom Spiegel hatte eine kleine Prinzessin ihr in die Augen geschaut. Jetzt wagte Annemieke nicht mehr, die Augen hochzuschlagen.

»Dreh dich mal ganz langsam um«, befahl Tante Anna. Sie hatte sich wieder zur Schneiderin zurückgefunden, die die Verantwortung dafür trug, ob ein neues Kleid auch nicht zipfelte, vorn nicht zu kurz, hinten zu lang geraten war.

»Heb mal den Arm«, befahl Tante Clara. Ihr schien, als wäre vielleicht das Armloch ein wenig eng. Tante Clara hatte ihre Stecknadeln im Mund, Tante Anna kniete am Boden und maß den Saum mit dem Band. »Auch die Schleife im Rücken könnte ein bißchen legerer sein«, meinte sie, und Clara bemühte sich sofort darum.

Während Annemieke verstohlen die linke Hand in den kurzen, bauschigen Ärmel schob, um den kostbaren Stoff von beiden Seiten zwischen den Fingern zu fühlen, klopfte es laut an die Tür.

Tanten Anna und Clara fuhren zusammen und blickten erschrocken zum Riegel. Er war nicht vorgelegt, wie es sich für eine Anprobe in der Schneiderstube gehört. Die Tür ging schon auf. Toennies stand auf der Schwelle, und das Bündel Aale in seiner Hand schickte einen Duft von köstlichen Rauch voraus.

Tanten Anna und Clara wachten von ihrem Schrecken auf, Annemieke war ja angezogen, das Kleid saß gut, nur die Schleife im Rücken fiel also noch nicht ganz so, wie sie fallen sollte. Aber so etwas sah wohl Toennies nicht.

Toennies sah es auch wirklich nicht. Er stand mit den Fischen an der Hand und starrte Annemieke an, als schaute er vor sich ein Gesicht. Er sah viel mehr als er jemals früher gesehen hatte. Gewiß, es war Annemieke, die er von klein auf kannte, ohne deren Nähe er sich das Leben niemals vorstellen konnte, die in allen seinen Gedanken gewesen war, viele Jahre lang unbewußt, bis es ihm langsam zur Erkenntnis geworden war, wie alles, was er tat und dachte, mit ihr in einem Zusammenhang stand. Sie war es, und zu gleicher Zeit war sie es wieder nicht. Denn was er vor seinen Augen schaute, war etwas, was allem entrückt war, als gehörte es nicht in diese Welt.

Es währte gewiß nur einen Augenblick, daß Toennies unbeweglich auf der Schwelle der Schneiderstube geblieben war, dann war er wieder verschwunden, so schnell, wie er gekommen war. Doch dieser Augenblick schien ihm selbst wie eine Ewigkeit, vor der alles, was vordem gewesen war, in eine ferne, tiefe Vergangenheit versank, und hinter der er überhaupt nichts mehr sah.

Er ging um das Haus und ihm schien, als sänke sein Fuß bei jedem Schritt in einen Abgrund hinein. Er sah weder die kupferfarbenen Blumen, noch das stille blaue Haff hinter dem goldenen Rohr. Er war sich nicht einmal bewußt, daß er auf einer Bank Platz nahm, ein rotes Ahornblatt aufnahm, das vor ihm auf der Erde gelegen hatte, und in seinen Händen hielt,

Die Sonne wanderte am Rohrdach des Doppelkatens vorbei und schien Toennies mitten in das Gesicht. Er saß auf seiner Bank und wußte nur, daß sein Herz die Erscheinung niemals im Leben wieder vergessen konnte, die ihm urplötzlich geworden war.

Daniel Rose schlug das Fenster seiner Werkstatt auf und lugte hinaus. Toennies war noch immer da. Daniel war drauf und dran, ihn anzurufen, doch etwas in Toennies stiller Versunkenheit hielt Daniel zurück. Ja, ihm war, als dürfte er sein Hämmern nicht wieder beginnen, solange das Fenster offen stand. Toennies könnte erschrecken und aus der Welt zurückgerufen werden, in der er mit allen seinen Gedanken war.

Daniel machte sich einen Platz auf dem Klapptisch am Fenster frei und legte beide Arme darauf. Er lehnte sich aber nicht hinaus. Er begnügte sich mit dem Blick über die Wiese und das herbstliche Rohr, auf Appelbooms Haus, dessen tiefgezogenen, bemoosten Walm[42] die Abendsonne mit einem Bronzeton überstrich.

Vielleicht ist die Stunde gekommen, dachte Daniel Rose, da der da droben für Toennies den Vorhang ein wenig aufgezogen hält, und Toennies sieht, wie er es eigentlich mit ihm meint. Das kann kein Mensch dem anderen jemals sagen. Es hat ein jeder dafür seine eigene Herrgottsuhr in der Brust.

Daniel Rose hörte Schritte im Garten, aber er lehnte sich nicht hinaus. Er wußte am Summen, daß Annemieke zwischen den Beeten einherging. Jetzt sah er ihr rotes Kleid und ihr blaues Tuch. Sie hatte eine Schale unter dem Arm und wollte gewiß die letzten Himbeeren pflücken. Daniel machte leise sein Fenster zu und nahm seine Arbeit wieder auf. Nun war für Toennies die Wartezeit wohl vorbei.

Toennies stand auf und ging langsam auf Annemieke zu. Sie lachte ein bißchen, denn sie sah ihn wieder wie erstarrt auf der Schwelle der Schneiderstube stehen. Er aber schaute sie wieder in ihrem langen, weißen Kleid und fühlte, wie laut die Herrgottsuhr in seiner Brust zu schlagen anhub.

»Annemieke, wenn du fortgehst«, begann er und hielt inne, um sich zu fragen, woher ihm der Mut zu seiner Sprache kam. »Wenn du fortgehst«, hörte er sich noch einmal sagen, »bin ich ganz allein.«

Solche Worte hatte noch nie ein Mensch zu Annemieke gesprochen. Hatte sie recht gehört? War Toennies allein, nur weil sie nach Hamburg ging? Lag Toennies etwas daran, daß sie hier war? Hatte er das wirklich gemeint? Annemieke wagte kaum zu Toennies hinzuschauen.

---

[42] An der Stirnseite des Hauses etwa 2 Meter überragendes Dach, schützt das Lehm-Fachwerk vor Regen und bietet einen geschützten Sitzplatz.

Haus mit Kröpelwalmdach

»Dann bin ich ganz allein«, wiederholte er leise, als hätte er ihren fragenden Gedanken folgen können.

Jetzt vernahm Annemieke die Bitte, die sich wider seinen Willen in seine Worte eingeschlichen hatte. Dennoch mußte sie zögernd sagen: »Du bist doch meistens draußen beim Fischen, Toennies.«

»Aber immer weiß ich dich hier«, sagte Toennies nachdrücklich. Dann preßte er die Lippen zusammen, um nicht noch mehr sagen zu können. Ja, er trat einen kleinen Schritt hinter Annemieke zurück, damit sie ihm nicht ins Gesicht sehen konnte, denn er schämte sich seiner Worte: »Aber wenn du lieber nach Hamburg willst, Annemieke – –«

Da fühlte auch Annemieke die Herrgottsuhr in sich schlagen und wagte nicht, sich nach Toennies umzuschauen, denn ihr wurde so wundersam zumute. Einen Augenblick war es, als käme ein Schwindel über sie. Sie fühlte, wie ihre Hände zu zittern begannen. Und die Herrgottsuhr schlug immer lauter, zuerst nur in der Brust, dann am Halse und schließlich sogar in den Schläfen. Annemieke sagte, ohne sich zu bewegen:

»Wenn ich lieber hierbleiben soll –«

Bilder begannen, durch ihren Kopf zu jagen. Sie sah Toennies helles Haar hinter den Bäumen verschwinden und hörte seine Stimme: »Ich gehe nach Amerika!« Hatte der Ruf nicht doch geklungen, als wenn er verzweifelt wäre? Sie sah, ohne sich umzublicken, seine blauen Augen, die manchmal ganz schwarz aussehen konnten. Sie sah ihn mit diesen dunklen Augen wie eine Erscheinung auf der Schwelle stehen, nachdem das Bild der weißen Prinzessin sie aus dem Spiegel angeschaut hatte.

Wollte Toennies wirklich nach Amerika gehen? Dann war er nicht mehr auf dem Haff, nicht mehr im Haus und auf dem Hof. Sie hörte nicht mehr, wie er das Holz schlug, daß die Axt dabei sang. Sie sah ihn nicht mehr am Ruder des Bootes mit den großen, braunen Segeln sitzen. Niemand auf dem Boot hob plötzlich einen Arm, als wollte er zum Lande hinüberwinken. Keiner stand mehr am Rohr vor dem ausgespannten Netz und zupfte die Tangfäden heraus, vor dem schönen Netz, das immer so sauber gehalten und gut geteert war, wie bei keinem anderen Fischer im Dorf! Niemals mehr zog der Duft durch die Gärten dahin, um zu melden, daß er vor seiner Tonne stand und den besten Räucherfisch bereitete, den es im weiten Umkreis gab. Und niemals mehr kam er mit seinem Fischkasten auf dem Rücken an der Hecke vorübergelaufen, und ein winzig kleines Steinchen flog gegen ihre Fensterscheibe.

»Ich bleibe hier, wenn du mich lieber hierhaben willst«, hörte Annemieke sich sagen. Die Herrgottsuhr in ihr schlug so laut, daß auch Toennies sie vernehmen mußte. Annemieke wandte sich zu ihm um, blickte ihn an und fuhr fort: »Du hast es mir nur niemals vorher gesagt.«

»Aber nun habe ich es gesagt«, stieß Toennies aus und sprang plötzlich davon, als hätte er Angst vor dem, was er noch weiter sagen würde. Er lief mit großen Sätzen gradeswegs in Daniels Hof hinein, stieß die Tür zur Küche auf, wo Frau Rose mit aufgestütztem Kopf über dem ausgebreiteten Zeitungsroman saß und sich nicht eine Sekunde stören ließ. Toennies sank auf Daniels Kundenschemel und mußte sich erst sammeln, ehe er herausbrachte:

»Annemieke geht nicht fort!«

Daniel Rose nickte, als hätte er das bereits gewußt.

»Annemieke bleibt bei mir!« sagte Toennies stolz.

»So soll es auch sein.« Daniel Rose nickte wieder. Dann sprachen sie eine lange Weile kein Wort.

XXIII.
Laternenumzug im Herbst

Rote, blaue und grüne Lichter leuchteten im dunklen Herbstabend auf und wanderten mit den eifrig trippelnden Schritten der Dorfkinder, von denen jedes seine Laterne stolz am langen Stock vor sich hertrug.

Die ersten Lichter tanzten hoch zwischen den alten Weiden. Je länger der Zug wurde, umso tiefer leuchteten die bunten Laternen. Mitunter kam ein leiser Windhauch und wehte die roten und grünen und blauen Lichter hin und her. Alle Kinder sangen:

»Sonne, Mond und Sterne,
Ich geh mit meiner Laterne
Und meine Laterne mit mir.
Von oben leuchten die Sterne,
Von unten leuchten wir.«[43]

Almas schöne, klare Stimme war über den dünnen Kinderstimmen hell herauszuhören.

Alma ging voran und trug hoch erhoben einen dicken, roten, runden Lampion. Jetzt blieb sie stehen und schaute zurück, ob auch alle Lichtlein noch brannten und keines der Kinder weinen mußte, weil seine Laterne verloschen war. Dann lief sie wieder an die Spitze und fing von neuem zu singen an.

Der Zug hatte den Falkschen Hof erreicht und wanderte mitten durch den Krautgarten hindurch, an den hohen Haselhecken entlang. Die vielen bunten Lichter schimmerten wie Glühwürmchen durch das noch dichte Haselgrün. Dann trat der Zug an den Wiesenrand heraus und zog singend Kapitän Langhinrichs Haus entgegen. Der saß in seiner Stube in der Sofaecke und hatte sich den ersten Herbstgrog eingeschenkt. Doch als er die Kinder singen hörte, ließ er das dampfende Glas stehen und ging bedächtig hinaus, denn sein kleiner Hinrich war dabei und würde es ihm nie im Leben verzeihen, wenn er ihn nicht mit seinem langen, grünen Lampion vorübermarschieren sähe.

---

[43] Siehe Seite 153 f.

Die bunten Lichter tanzten über die Wiese dahin. Fischer Ohlerich war auf seiner Küchenbank grade ein wenig eingenickt. Er wachte vom Gesang der Kinder auf und fand sich in der Küche allein. Toennies' Platz war leer. Neugierig tappte er hinaus. Da waren die Kinder schon vor Daniel Roses Hof stehen geblieben und ordneten sich in einem Halbkreis an. Sie wußten einen Vers, der für den Schuster zu singen war. Sie warteten nur noch, bis das Werkstattfenster aufgemacht wurde.

Nebenan schauten Tanten Anna und Clara jede aus einem Flügel des Küchenfensters hinaus. Da hub Alma mit ihren Kindern zu singen an:

»Ein, zwei, drei, meine Schuhe sind entzwei,
Meine Strümpfe sind noch heil,
Drum danz ick noch ne Weil.
Foer fif Penning Bottermelk, foer tein Penning Kluemp,
Un wenn de Kluempsupp oewerkakt
Dann danz ick upp de Struemp.«[44]

Klang da nicht die Schifferorgel mit und begleitete leise den Kindergesang? Alma begann noch einmal mit dem Schustervers, und nun ließ Daniel Rose seine Schifferorgel aus vollen Zügen klingen.

Tanten Anna und Clara lehnten sich beide weit hinaus, um dem Zuge nachzuschauen. Jetzt hatte er Appelbooms Haus erreicht. Dort ging die Dielentür auf. Ein heller Schein flutete wie ein breites Silberband hinaus. Der Zug der Kinder wanderte singend durch das silberne Licht.

Tanten Anna und Clara wischten sich schnell die Augen aus, denn als das letzte bunte Fünklein durch den Silberstrom gezogen war, deuchte es sie, als hätten sie Annemieke und Toennies gesehen, die Hand in Hand den Zug der Kinder beschlossen.

---

[44] Hochdeutsch: »Ein, zwei, drei, meine Schuhe sind entzwei, // Meine Strümpfe sind noch heil, // Drum tanz' ich noch ne Weil. // Für 5 Pfennig Buttermilch, für 10 Pfennig Klöße, // Und wenn die Kloßsuppe überkocht, // Dann tanz' ich auf den Strümpfen.« Siehe Seite 155.

Arbeiten Käthe Miethes im Feuilleton deutscher Zeitungen

Der erste Tag
1. Mai 1921 Neue Frauenzeitung
Nächtliche Straßen der Stadt, regenglänzend, vom Scheine sausender Wagenlichter gestreift. Um Mitternacht rollt gemächlich der Zug aus der Halle hinaus in die Dunkelheit. Ferne Lichter und Schlote, dann kommt die Nacht und das Stoßen der Achsen. Die Stunden fliegen dahin, wesenlos zwischen Ort und Zeit, Stunden der Tat und doch Stunden des Ruhens. Erstes Morgengrauen legt sich wie Schnee durch beschlagene Fenster über die Flur. Aufwächst das Licht. Auf dem Umsteigebahnhof in vierter Stunde dehnt es sich weit und kalt. Der neue Zug fährt in den Morgen hinaus. Die Erinnerung an Fliederblüten und aufbrechende Kastanien in der Stadt wird blaß vor dem grauen versteckten Grün des Buschwerks, den braunen Feldern, matten Wiesen und Birken, die wie weiße Fäden zum grauweißen Himmel wachsen.

Es geht zur Küste hinauf. Kälte dringt durch die Fugen der Fenster, Schauer ungeruhter Nacht wachen auf, Regen fällt gegen die Scheiben. Es ist, als führe man in den Schlaf der Natur zurück, weit, fast bis zu einem Novembertraum.

Endlich mein Land. Gegen den grauen Himmel steigen noch unerschlossene Knospenzweige der Obstbäume an. Einzelne Kirschen haben um die Enden der schwankenden Äste die ersten geöffneten Blüten wie eine weiße Krause gelegt. Kalt kommt vom Osten der Wind und schickt über totes graugelbes Rohr das Wasser vom Haff bis an die Gartenpforte in kleinen, nimmer ermüdenden Wellen. Im Grase blühen Veilchen, duftende Veilchen. Ein zweites Mal wird hier ein Frühlingswerden beschert. Und nun steigt wie ein Zittern die Angst und die Sorge auf um den ersten Tag, um das Wunder des ersten Erlebens, das morgen schon nicht mehr ist. Die Angst, dass schon morgen die erwachenden Blütenzweige, der wartende Garten und die Veilchen zwischen dem Gras und dem Immergrün nichts sind als das, was schon gestern die regennassen nächtlichen Straßen der Stadt gewesen, ein alltägliches, ein gewohntes Bild, und keine Empfängnis, kein Erlebnis mehr, das sie auftürmt und um mich baut. Mühevoll öffnen sich heute noch die Türen zum wintergeschlossenen Hause und zu dem Garten. Morgen schon fallen sie leicht aus der Hand, als wären sie alle Tage vielmals geöffnet.

Erwartung des Sommers
22. Mai 1921 Neue Frauenzeitung
Eines Morgens aber wacht man auf und weiß, nun ist kein Frühling mehr. Durch das Fenster quillt das Sonnenlicht dicht und schwer. Noch stehen die Apfelbäume rosenrot, doch der Wind von der See hat den Schnee der Birnen- und Kirschenblüte über die trockene, graue Erde geweht. In den Gebüschen und auf den Wegen, die man zu jäten vergaß, sind Waldwiesen geworden. Hohe violette Blüten und leuchtender Löwenzahn in sonnendurchglutetem Grün und der noch selten begangene Steinsteg zur Pumpe ist nicht mehr zu sehen unter dem üppigen Reichtum, den ein besonnenes Gärtnerherz Unkraut nennt und beseitigt.

Über der Wiese steht die erste Libelle und ersten Samen gibt schon der Löwenzahn dem Morgenwind auf seine Reise mit. Betten werden gesonnt im Garten und auf dem Deich, endlose Reihen roter und bunt gestreifter Betten, dehnen sich in der Sonne. Sie kommen aus allen Truhen vom Boden und Flur. Sie sind für die Sommergäste bestimmt.

Es gibt im Norden Europas eine richtige Dichtung des Sommergasts. Hermann Bang schrieb einen Roman über die »Fremden« und Hamsuns schönstes und reifstes Buch »Letzte Freude« spielt in dem Sommergasthaus, wo Josefine, die Tochter, mit ihren kleinen Füßen, die wie ein Gestrüpp sich unermüdlich bewegen, tagaus tagein für die Wünsche der Gäste hastet. Wohl müßte man einmal ein Buch darüber schreiben, doch keinen Roman, wie seltsamen Einfluß die Fremden mit ihrer kargen, gierig erfüllten Ferienzeit hinaus auf die Landstrecken tragen, wo Generationen auf Generationen in gleicher Gelassenheit mit langsamen Schritt ihrem Tagewerk nachgehen, dem zwar keine Ferien beschieden sind, wohl aber ein Ablauf im ruhigen Rhythmus des Blutes, das sich nicht weit vor der Zeit erschöpft.

Unten im Dorfe beim Bäcker wird eine Veranda gebaut. Das Klopfen der Zimmerleute hämmert sich in den Tag. Das Dach wird mit Pappe gedeckt, vorn gibt es farbiges Glas und des Bäckers Kinder, wie Jahresringe der Ehe geworden, spielen schreiend und aufgeregt um das neue Ereignis herum. Es sollen Gäste erwartet werden zum Sommer und während die Bäckersfrau mit erdigen Fingern die Hefe für mich zerbröckelt, so dass ich nicht hinsehen kann, spricht sie von ihren Plänen. Sie hat schon manches gehört und gelernt. Viele Leute im Dorf nehmen ja Fremde auf. Sie aber will es im Großen machen und weiß schon, man muß sich den Fremden auch widmen können. So wird eine Magd in das Haus genommen, und für den Mittagstisch wird die Veranda gebaut. Sie kostet heut mehr als noch vor wenigen Jahren das ganze massive, zweistöckige Haus.

Erwartung des Sommers. Auf den Feldern wogt schon die silberglänzende Frucht. Die Gärten umgeben, wie saubere Pläne bereitet, das frisch gescheuerte Haus. Stuben, seit dem Herbste verschlossen, haben sich aufgetan und in den Städten zählt man die Wochen bis zu dem Tage, wo der Sommer beginnt, der ein Strand sein soll und ein Feld, ein Blumengarten und ein Nichts an Mühsal und Last.

Eigenes Haus
10. Juli 1927 Deutsche Allgemeine Zeitung
Eines Tages fühlt man den kühlen Griff einer eisernen Klinke in seiner Hand, steht unmittelbar vor einer niedrigen, dunklen Tür mit zwei kleinen Scheiben – der Tür zum eigenen Haus. Man geht in den Flur, steigt über Schwellen in kleinen Zimmern und Stuben hinein, stolpert in eine Veranda, wirft einen flüchtigen Blick durch die Fenster aufs Gartengrün, begreift dann wiederum, daß jene dunkle Ecke im Hausflur die Küche sein muß, stößt sich den Schädel gewaltig am Balken, als man die Speisekammer betreten will, und sieht nur noch die Hühnerstiege hinauf, die nach oben führt, und sehnt sich dann wieder nach jenem kühlen Klinkengriff und tritt aus dem Haus heraus – dem eigenen Haus.

Nun wandert man rund um den kleinen, niedrigen, fast quadratischen Kasten herum, den ein mit Spinnweg verfilztes, von Moos überwachsenes dickes Strohdach deckt. Das Dach zieht sich tief über die Wände hinab, reicht fast zu den hölzernen Läden hin und streckt sich nach oben unendlich komisch hochgereckt zu einem schmalen First, von einem winzigen Schornstein gekrönt.

Man begreift es nicht recht, man geht von neuem hinein in das Haus und schaut in die offen stehenden Türen hinein, man geht von neuem durch all das wuchernde Gras und Gesträuch rund um den Bau. Dann schleicht man sich gleichsam schon zu den Bäumen im Garten hin, zu einem kleinen, pilzartigen Pavillon, zu dem Stückchen Wiese, das zum Bodden hinuntersteigt und sieht dort über das Wasser auf fernes, flaches Land.

Alles, was man bisher in seinem Dasein besaß, hielt man gewissermaßen fest in seiner Hand. Es waren Dinge, die wandern konnten, die man nahm oder doch wenigstens schicken ließ, die mit einem gingen, die teilhatten an der Bewegung des eigenen Seins, Umzugsgut, Wanderungsgut zu nennen. Nun fühlt man hinter sich etwas, das sich niemals rührt, das sich nicht umstoßen läßt, das in all seiner Kleinheit so groß erscheint, das ruht und das wartet und irgendwas zu erwarten scheint – zu erwarten von einem Gast, und man weiß noch nicht, wie man es ordentlich besitzen kann.

Steht man drinnen, so ist es rings um einen her so ungreifbar groß, wenn auch die Hand jeweils bequem an die Decken reicht, dann ist man gleichsam ein unbeachteter Mittelpunkt, anstatt daß man etwas umschließen kann. Geht man draußen herum, ist man ihm noch viel stärker fern.

Schließlich packt man das Ganze von der sachlichen Seite aus an. Natürlich versteht man von all den Dingen wie Fensterrahmen und Oesen und Herden und Dachverdichtung und Außenanstrich und von Verschalung nichts. Aber man tut doch so, weil es hilft. Man rüttelt an allen Riegeln und fährt mit den Fingern dem Kitt an den Fenstern nach. Man klopft an die dicken Wände und nickt befriedigt, verständnisvoll. Man prüft die Türen und Schlösser und wirft einen langen, sachverständigen Blick in irgendein dunkles Ofenloch. Man prüft die Stiege, sieht in die Abseite hinein, wo das Strohdach unverschalt blieb, und erkennt zum ersten Male im Inneren schaudernd eine Feuersgefahr.

Dann geht man auf gleiche Weise von außen prüfend um seinen Besitz, erkennt auf der Wetterseite, wie der Sturm im Dache gewühlt, wie dicht am Boden, wo die Verschalung aufgehört hat, der Regen die Wand befleckt, man lernt, während man seine Wanderung tut, sieht, wie die Farbe an einzelnen Läden Risse bekam, wie sie von Fensterkreuzen sprang, und es dauert nicht lange, beschließt man: jetzt wird für das Haus was getan.

Der nächste Gang ist zu Handwerkern hin. Der Maler kommt, und der Zimmermann kommt. Sie klopfen und messen und rechnen, und

Hohes Ufer in Alt- und Niehagen

selber geht man getreu wie ein Hündchen mit ihnen mit und nickt ernst zu allem, was man hört.

Nun wird bestellt. Der Zaun wird geteert, der Brunnen, der alte Ziehbrunnen zwischen all dem Gesträuch, soll wieder in seinen alten roten und grünen Farben stehen. Am Schuppen kommt die Fülle von wucherndem Efeu fort, die erste, notwendige Arbeit wird gleich getan. Zum nächsten Jahr aber soll alles ganz anders sein. Natürlich bekommen die Läden dann neues Grün, die Fensterkreuze ein neues Braun, die Fensterbänke ein neues Weiß. Das ganze Haus soll dann von außen gestrichen sein, und selber holt man sich schnell den Spaten heraus und legt die erste Hand an den eigenen Grundbesitz. Man sticht, während kalt der Regen strömt, an der Seite, die zur Landstraße reicht, die breite Kante von Unkraut hinter dem Lattenzaun sauber ab, damit man sieht, hier sind Leute zu Haus. Man sammelt die Raupen, schneidet die Hecke schön und räumt in den Stuben, während man weiter plant und bedenkt.

So geht die erste Zeit dahin. Man kämpft in jeder Beziehung um seinen Besitz. Man wandert noch täglich rund um das Haus oder ordnet

Blick vom Hohen Ufer auf den Bodden

sich selber in seine Mitte ein. Man fühlt seinen eigenen Lebensraum irgendwie groß, wie er es nie zuvor war, und man fühlt sich zugleich auch festgelegt. Man sieht sich selbst des Morgens rauchend an seiner Gartenpforte stehen und glaubt, man hätte bereits eine gestickte Kappe auf und gleichfalls bestickte Morgenschuhe an. Man sagt manchmal prüfend: Mein Haus, oder fragt sich: Ist das wirklich mein Garten, mein Baum? Und erschrickt fast vor diesem Klang.

Und des Abends wandert man mit dem Windlicht noch einmal das ganze Grundstück ab, schließt alle Pforten, sieht alle Fensterriegel nach, dreht zweimal am Schlüssel und legt sich schließlich zur Ruh.

Und wenn man am Tage irgendwann oben am Ufer steht, das steil zum Meer hinunterfällt, zurückblickt und weit über Felder sieht, die eine Häuserreihe, halb von Bäumen bedeckt, begrenzt, dahinter ferne vergleitend der Bodden, der sich auf langem Wege erst wieder dem Meere erschließt, dann sucht man mit einem wunderlich frohen und zugleich wieder fragenden Staunen nach einem niedrigen Dach im Dorf, dessen kurzen First ein winziger Schornstein krönt.

Das Strohdach brennt!
15. Juni 1930 Deutsche Allgemeine Zeitung
Fischland, Mitte Juni
Wie kommt es mitten in sengender Mittagsglut, in der Stille des Gartens, wo Bäume und Blumen verdursten, von den Hecken riefen soeben die Vögel noch hinein, daß ein Horn ertönt, dumpf, fern und von stockendem Atem gestoßen, daß die Glocke vom Dampfer im Hafen geläutet wird, ununterbrochen, schrill und in bebendem Takt? – Schon laufen den staubigen Landweg Frauen mit leeren, klappernden Eimern entlang, folgen schreiende Kinder. Ueber den hohen, hellblauen, lichttrunkenen Himmel zieht dünner Rauch. Ein Strohdach brennt!

Unten im Dorf, wo die Häuser Arm in Arm dicht hinter dem Deiche stehen, eins zum Schutz an den Giebel des anderen gelehnt, unten im Dorf an den Wiesen zum Haff, wo sich das Land bis zum Wasserspiegel senkt, schlägt glutrote Lohe aus einem Strohdach heraus. Flammen steigen wie vom Opferbrand senkrecht zum Himmel empor, Flammen beugen sich wie ein weiches, goldrotes Tuch unter dem Windstoß herab, Flammen haben in einem Augenblick schon das Strohdach verzehrt und stehen im nächsten Augenblick wie erstarrt im Gebälk, das gleich schmelzendem Eisen erglüht; dann recken sie tausend Arme empor, ein Windstoß nimmt dieses Flackern und Greifen auf und trägt Feuerfetzen zum nächsten Dach.

Ein Schrei aus hundert entsetzten Gesichtern, Menschen stieben rund um den brennenden Häuserblock, stürzen durch glühende Türpfosten ins Haus, stürzen durch Hecken, durch Gräben, armseliges Hausgerät breitet sich rund um die Feuerlohe aus. Betten, Matratzen, Stücke von Schränken, Kleider und Waschgeschirr, Sofas und Stühle schleppt man, vom Taumel erfaßt, von der Glut umhüllt, in den Acker hinein, Spiegel werden durch die Wiese gezerrt, am brennenden Stall lehnt eine Uhr.

Am Spritzenhaus sind die Tore weit aufgetan. Die Männer vom Dorf rennen von Strand und Feldarbeit, schirren die Pferde an, zerren den Schlauch. Die Feuerlohe hat wieder ein neues Haus gefaßt, und weiter hinein in Wiesen und Feld schleppt man das armselige Hausgerät.

Es mag schön sein, dieser schrankenlos entfesselte Brand, der sich vollfrißt, weil Hitze und Dürre, Lehmwände und Rohrdächer ihm schon entgegenglühn. Aber man sieht es nicht. Die Höllenglut hüllt alles ein, und was man schaut, ist ringsum nur ein qualvoll verzerrtes Gesicht, was man hört, ist Wimmern und Weinen und Verzweiflungsgeschrei. Breit über den immel zieht eine rollende, flatternde Fahne dahin und trägt brennende Halme, glühende Fetzen, verkohlte Lappen mit sich davon.

Himmel zieht eine rollende, flatternde Fahne dahin und trägt brennende Halme, glühende Fetzen, verkohlte Lappen mit sich davon.

Es brennt der Deich! Die Brunnen geben das Wasser nicht her. Die vielen Eimer sind nutzlos über Gärten und Weg gerollt. Unten am Haff sind zwei Pumpen aufgestellt, Pferde stürzten, Menschen stürzten, als man sie zum Wasser zog, und nun geht das Pumpwerk im trägen, steten Takt. Männer und Frauen haben in Reihen die dicken Balken gefaßt, wumm – wack, wumm – wack, es reckt sich und senkt sich, hinauf und hinab. Es weht von Wasser keine Kühle her, und es ist, als pumpt man nur neue Glut durch den schweren Schlauch die Wiese entlang, den Deich hinauf. Doch zwischen den brennenden Häusern in Qualm und Rauch sieht man mitunter den dünnen Strahl, und wenn ein Luftzug vom Meere kommt, und die Rauchschwaden teilt, sieht man gespenstisch Silhouetten am hellen Mittagshimmel stehen, die Freiwillige Feuerwehr aus den Dörfern am Deich.

Es fallen zuletzt die massiven Schornsteine über die glühenden Lehmwände ein, aus dem nächsten Städtchen rollt die Motorspritze an, doch sie erstickt im Haffschlamm, und ihr Herz steht immer wieder verzweifelt still. Wumm – wack, wumm – wack, die Pumpen unter den vielen Händen stampfen stundaus, stundein ohne Unterlaß. Zu retten ist nichts, doch man zieht und stößt, daß der Schweiß in die Bodentiefe tropft. Es wird noch bis in den sinkenden Abend gepumpt, denn die Häuser brennen, die Hecken brennen, die Lehmwand glüht weiter, die man herunterriß, und aus den schwarzen Trümmern unter verkohlten Bäumen schlagen immer von neuem die Flammen empor. Wer weiß, ob nicht zur Nacht der Wind aufkommt und die glühende Masse weiterträgt, zum nächsten Dach, zum nächsten Haus, zum nächsten Dorf.

Die ganze Nacht halten die Männer zwischen 18 und 65 an den Pumpen und an der Brandstätte Wacht, und als der Vollmond goldrot und doch so kalt im Licht gegen die Flammenlohe des hellen Tages über die Dörfer steigt, fahren die letzten Reste von Haus und Hof, zerfetzt, von

Neubauten in der Fulge nach dem Brand

Äxten zerschlagen, von Funken verkohlt und vom Wasser durchtränkt, auf Ackerwagen zum Nachbardorf, und Menschen wandern mit grausam schleppendem Schritt den staubigen Weg entlang, mit diesem und jenem Ding im Arm, das so wunderlich raumlos geworden, wie seines Sinnes beraubt.

In einer kurzen Mittagsstunde an einem frühen, strahlenden, blühenden, duftenden Sommertag sind sechs Familien des Heims, des alten Hauses, des Daches beraubt, und wenn es auch um kein Leben ging, eine tötliche Qual und Bedrücktheit liegt über jedem Haus, und es hat wohl in dumpfer Angst kaum einer an jenem Abend noch Feuer in seinem Herd angemacht.

Bootsphantasien
17. Mai 1931 Schlesische Zeitung
Es beginnt gewissermaßen ein neuer Abschnitt im Leben, wenn man das Telegramm abgeschickt und das Boot bestellt. Kein fertiges Boot, von der Stange, wie man so sagt, sondern ein Auftrag auf Bau, gegeben irgendwohin in die Ferne, nur vom Brief erregt, den ein kleiner Bootsbaumeister vom Dorf am Haff geschrieben hat.

Vor der nächsten Partie

Wieviele Risse hat man vorher angesehen, wieviele Menschen, Fachleute, hat man vorher gefragt! Man stampfte im Winter durch Schnee zu eiskalten Bootsschuppen hin und sah sich Segeljollen an aus zweiter Hand und kaufte nicht.

Dann kam der Brief mit dem Angebot. Ein kleiner Segler war auf dem Bogen gedruckt, und »Zertifikate« lagen bei von einer Landdrostei, vom Fischereiverein, »Zeugnisse« über dieses Bootsmeisters, den wohl keiner mit Namen kennt, solide Arbeit und billigen Preis.

Fachleute schütteln den Kopf und sehen mich milde wie eine arme Irre an, aber das Telegramm ist abgesandt, sogar die erste Rate zum Holzkauf ist eingezahlt.

»Segelpartie auf dem Bodden« mit Käthe und Inge

Geht man so durch die Straßen der Stadt, und der Kopf repetiert wie der eines Schulkindes sein Gedicht »Eiche, kupfervernagelt, naturlackiert, Segel Makko, 8 Quadratmeter groß, Länge über alles 4 Meter 70, ein Meter 35 breit ... und Sie werden zufrieden sein.«

Und Sie werden zufrieden sein, zufrieden sein ...

Man schreitet auf seinem Teppich 4 Meter 70 ab, aber der Teppich ist viel zu klein. Man spannt die Arme zu 1 Meter 35 aus und kommt sich vor, als mißt man Stoff, und läßt es schnell wieder sein.

Dann geht man zum Garten und mißt auf der Erde aus und zeichnet die Maße mit einem Stöckchen in den trockenen Sand und steht nun mitten in einem länglichen, eiförmigen Ding. Kinder begreifen es schnell, sie stellen in diese Zeichnung eine weiße Gartenbank hinein, sie machen aus Rosenstöcken mit Bast Mast und Baum und legen nach achtern die kleinste Harke aus. Sie segeln los, man schleicht sich betroffen davon, weil man eben noch mitgespielt. Sagte der Blick des Fachmanns nicht, daß man eine arme, eine ganz arme Irre sei?

Irgendwo wird jetzt vielleicht gerade ein Kiel gestreckt, und der Kiel soll einen tragen. Irgendwo wird jetzt vielleicht gerade ein Segel genäht, und das Segel soll einen fahren. Und eines Tages wird unter dem Garten am Haff über das hohe Rohr eine winzige Mastspitze schauen und wird leise in der Morgenbrise tanzen und wird winken, winken!

Sonne blendet über dem Haff, die gleiche Sonne, die über die Straßen scheint. Doch wenn am Abend der Wind durch die Läden saust, kommt heimlich aus weiter Ferne ein grausliches Gefühl, das Bewußtsein, wie weit das Wasser sein kann, und wie tief, und wie mutterseeelenallein ein Mensch auf dem Boot in der Bö. Und wie tief der verhängte Himmel, die eigene Stimme wie schwach, und kein Rufen hilft - - -

Sonne blendet über das Haff. Boote machen die Welt so weit. Man wird fahren, fahren, wie man es all seine Kinderjahre getan. Fahren zu Ufern, die man bisher näher nur mit dem Glase sah, fahren zu Dörfern und Flecken, die bisher nur die Karte zeigt. Ein kleines Stück Erde mit Haus und Bäumen und Gras war das Eigentum. Jetzt soll es auch noch das weite, das lockende Wasser sein.

Um einen hölzernen Kranz
10. August 1932 Deutsche Allgemeine Zeitung
Althagen (Ostsee), im August
Auf dem alten Dünenfriedhof in Ahrenshoop, in dem verwilderten Teil, wo unter Dornen und Weiden die Seemannsgräber liegen, hing über einem morschen Kreuz ein grüngestrichener Kranz aus hölzernen Gliedern. Er war der rechte Schmuck für den Seemann, der nicht auf See geblieben war. Ihm sollten auch auf dem Lande keine Blumen zur Erinnerung welken. Jahrelang bin ich des Sommers je einmal durch das Gestrüpp gekrochen. Es gibt dort auch zwischen den Gräbern keine Pfade mehr. Ich wollte sehen, ob der Kranz dort noch hing. Ich dachte mitunter, man müßte ihn bergen und an eine Stätte geben, die altes Volkshandwerk vor dem Vergessen und dem Verkommen bewahrt. Denn der Kranz war noch ein Zeugnis jenes Vermögens, mit eigener Hand das Beste zu geben und selbst zu schaffen.

Wer aber nimmt den Schmuck von einem vergessenen Grab? Wer mag die Hand ausstrecken, um über ein sinkendes Kreuz den Schmuck zu ziehen, selbst wenn ihn keiner mehr in der Wildnis sieht? Jetzt ist der

Kranz fort. Ich möchte glauben, daß er im vergangenen Winter zerfallen ist. Mit ihm ging etwas dahin, was wir Volkskunst nennen. Vielleicht das letzte Stück dieser Art.

Nun stellen sich wieder die Gedanken ein, die einem begegnen, wenn man Volkskunst versinken sieht. Dann ist es, als ginge alles Schöne und Eigenartige dahin, als sollte unsere Generation die letzte sein, die noch die Spuren volkstümlichen Könnens am Leben trifft. Denn geordnet, gesäubert und registriert in einem Museum zu liegen, ist kein wahrhaftiges Leben mehr. All diese Dinge, die man auf diese Weise in Sammlungen vor dem Vergessen bewahrt, sind aus ihrem natürlichen Lebenskreis gelöst, sie sind kein Glied einer ewigen Kette mehr, die weiter besteht, weil sich immer ein neues Glied an das alte fügt.

Gewiss trifft man auch heute noch auf dem Lande überall einzelne Stücke echten Hausfleißes an, aber die stammen alle aus früherer Zeit. Man findet überall bei den Bauern noch einen alten Spinnstuhl mit Binsengeflecht, Ziertücher, handgewebt mit Namen und Jahreszahl. Aber das Beste davon ist meist schon beim Pfarrer und Lehrer zu sehen, die Sammler geworden sind, und bei uns vereinzelten Städtern, die noch mit einem Fuß auf dem Lande stehen.

Die Menschen der Städte sind krampfhaft bemüht, alles an Volkskunst vergangener Zeiten zu retten, was die Museen nicht erreicht. Manche städtischen Wohnungen und Landhäuser von Städtern sind selbst schon zu kleinen Museen geworden, in denen bäurische Möbel und bäurischer Hausrat stehen. Wir verraten das schlechte Gewissen durch unsere Besorgnis, die letzten Zeugen ländlichen Kunstschaffens vor dem Untergang zu bewahren.

Denn unsere städtische Art zu leben, hat das Land um seine alten Bräuche gebracht. Unsere Daseinsformen haben mehr und mehr die produktive Kraft auf dem Lande gebrochen. Wir haben unsere fabrikmäßigen Waren solange hinaus auf die Dörfer geschickt, bis der Mensch auf dem Lande nicht mehr begreifen konnte, warum er selbst herstellen soll, was man fertig kaufen kann.

Warum auch sollte dem Menschen des Landes nicht gut genug dünken, womit sich der Städter zufrieden gibt? Das städtische Leben hat immer den stärksten Einfluß auf das Land gehabt. Es geht auch heute noch nicht den umgekehrten Weg, wie gern man das glauben mag. So sind auch die Dinge des Lebens, wie sie die Städter gebrauchen, so lange über die städtischen Grenzen hinaus auf die Dörfer geflutet, bis sie den Willen und die Luft und schließlich auch die Fähigkeit, sich selbst die Dinge des Gebrauchs herzustellen, erlahmt haben. Und nun laufen wir, oft schon ein wenig lächerlich in unserem Eifer, hinter der Volkskunst her und retten das Letzte aus unserer eigenen Flut.

Es ist einfach zu sagen, daß der Lauf der Zeit diese Entwicklung bedingt, daß es nur sentimentales Klagen ist, wenn man bedauert, daß der Mensch auf dem Dorfe genau wie wir seine Bedürfnisse für das Haus möglichst mit Fertigwaren deckt, anstatt Gegenstände des Gebrauchs und des Schmucks selbst zu machen und so zu gestalten, wie es ihm persönlich am schönsten scheint. Doch diese schöpferische Kraft, die früher Gemeingut der Menschen war, in jedem in mehr oder weniger hohem Grade vertreten, kann nicht für immer erloschen sein, sonst wäre sie nicht ein fester Teil des menschlichen Wesens gewesen.

Häusler, Büdner, Bauersmann
16. September 1932 Deutsche Allgemeine Zeitung
Fischland (Ostsee), im September

Wenn man auf unserem schmalen Landstrich hinauf zur Meeresküste geht und von oben den Blick zu den Feldern wendet, sieht man auf die großen, fast quadratischen Ackerflächen für Kartoffeln und Korn aneinandergefügt wie Felder auf dem Spielbrett. In gewissen Abständen schieben sich Handtüchern gleich reihenweise ganz schmale Feldstreifen ein. So übersichtlich wie unser Ackerland, das Bauernfelder enthält und dazwischen das Büdnerland, ebenso so sinnvoll in ihrer Klarheit und Gliederung sind auch die Lebensverhältnisse in unserem Dorf. Und da der Maßstab für alles so klein ist, weil Wasser von zwei Seiten her jeder Ausbreitung die Grenze setzt, ergibt sich ein Einblick, gewissermaßen bis in den letzten Winkel hinein, und man erlebt hier als Halt und als Trost in dem unübersehbaren Wirrwarr der eigenen Zeit den vollständigen Bogen des Lebens, der eine Gemeinschaft von Menschen und Generationen überwölbt.

Die Einwohnerzahl auf dem Fischland teilt sich in Häusler, Büdner und Bauern ein. Der Häusler, von dem es nur eine geringe Zahl gibt, ist eigentlich mehr ein Zufallsprodukt, wenn man das sagen darf, ohne ihn zu verletzen. Der Landbesitz geht in Bauern- und Büdnerstellen auf, und in weiser Voraussicht und in kluger Erkenntnis vom Lauf des Menschenlebens und von menschlicher Schwäche ist hier dafür gesorgt, daß jeder leben kann.

Zwar besteht seit langen Jahren jene Verordnung nicht mehr, daß auf diesem Landstrich kein Mieter wohnen darf, daß nur der das Wohnrecht erhält, der eine Büdnerstelle oder einen Hof besitzt. Aber sie wirkt noch weit hinaus über ihre Zeit und segnet noch heute dieses Land. Ihr Geist lebt fort, und die Erfahrung beweist, daß nur die unabhängige Existenz den Menschen über jede Untiefe der Zeit zu tragen vermag, und daß diese Unabhängigkeit sich durch alle Nöte wiederum nur in freier Bindung eines an alle erhält.

Als früher der Erbpächter, wie sich der Bauer benannte, Erlaubnis bekam, von seinem erblichen Pachtlande Stücke abzuteilen und somit kleine Landstellen, Büdnereien, zu schaffen, muß der Gedanke entschieden haben, nicht Kätner, sondern eigene Existenzen aufzubauen. Erfahrung hatte gezeigt, wieviel der Mensch zum Leben braucht, und so entstanden gleichsam neue Wirtschaftsstellen im kleinsten Format, so entstand die Büdnerei, die nicht zu groß ist, daß sie die Frau bewirtschaften kann, wenn der Mann auf der See fährt, die nicht zu klein ist, daß sie die Kinder ernährt, wenn der Vater auf der See bleibt, und die ein Alterssitz für beide wird. Heute wird man vielleicht sagen können, daß die Büdnerei für die Familie des Fischers und Schiffers die Zusatznahrung ergab, daß sie sie aber auch über Ungunst der Zeiten erhalten konnte. Damals war wohl entscheidend, daß der Bauer Arbeitskräfte brauchte für seinen Hof, daß er gewissermaßen siedeln ließ, um Hilfe zu haben, wenn seine Erntezeit kam, und daß er dafür bereit war, wiederum Hilfe zu geben.

Obwohl nun kein Paragraph mehr befielt, daß der Büdner zu seinem Bauern hält, der Sinn dieses Gedankens besteht noch heute wie je. Es hat sich nichts geändert, als der Uebergang von der festen Zugehörigkeit zur freien Wahl. Der Bauer weiß, auf welche Büdner er rechnen kann, und der Büdner bleibt »seinem« Bauern treu.

Wenn man sich vorstellt, dieses Land läge jetzt noch brach und es sollte besiedelt werden, sinnvoller und zweckentsprechender könnte keine Aufteilung sein. Es findet eine Verkettung von Nachbar zu Nach-

Fischer am Strand

bar statt, die tief in alle Dinge des Lebens greift und den ganzen Kreis des Daseins erfüllt. Das Leben ist auf einem Gemeinsinn aufgebaut, der jeden umschließt. Dem Bauern fallen zum Beispiel, da nur er Pferde hat, die gemeinsamen Fuhren für die Gemeinde zu, reihum aber tragen die Büdner der Toten Sarg. Es geht kein Geld von Hand zu Hand, keine Münze, an der der Gedanke von Vorteil und Nachteil klebt. Und so bleibt auch keine Arbeit, die nötig ist ungetan, und es bleibt kein Flecken Erde unbestellt. Es stirbt auch kein Schwein in des Büdners Stall, ohne daß nicht jeder der anderen Büdner sein Scherflein für einen Ersatzkauf gibt. Denn was würde aus jedem, wenn plötzlich sein Wintervorrat an Fleisch und Speck verlorengeht?

Als um die Jahrhundertwende die ersten Fremden auf das Fischland kamen, denen es nicht mehr genügte, für kurze Ferienwochen Gast in einer gemieteten Bauernstube zu sein, stellten sie mit Verwunderung fest, daß man auf diesem Landstrich nicht einfach ein Stückchen Feld, Wiese oder Gartenland erwerben konnte, um sich darauf ein Haus für den Sommer zu erbauen, auch wenn der Besitzer gern etwas abgegeben hätte. Es gab nur eine vollständige Büdnerei oder einen ganzen Bau-

Beim Einholen des Bootes helfen auch Frauen

ernhof, das Land durfte nicht geteilt, nicht zerschnitten werden. Eine Verordnung verbot, die Basis selbständiger Wirtschaft zu zerstören, indem man dem Bauern den Acker, dem Büdner auch nur sein Gartenland nahm. Die anderthalb Morgen, die der Büdner besitzt, sind das untere Maß, um zu leben; dieses Maß war geschützt. So sind aus den ersten zugereisten Städtern richtige Büdner geworden, denn eine ganze Büdnerei zu erwerben, war finanziell keine große Angelegenheit, aber ein Stückchen Hausbauland gab es für keinen Preis.

Auch dieser Schutz besteht nicht mehr, aber sein Geist wirkt ebenfalls fort. Inzwischen sind einzelne Häuser gebaut, die nicht mehr Häuser von Büdnern sind. Die kleine Zahl der Häusler hat sich dadurch vermehrt. Doch der, der sich in diesem Landstrich das prächtigste Haus errichten will, schöner, größer, kostbarer, als man es jemals hier sah, er kann niemals mehr als ein Häusler sein, im Besitz nicht Büdner noch Bauersmann gleichgestellt.

Und das ist das Gute, das ist der Grund, weshalb hier von diesen, etwas abseitigen Dingen gesprochen wird: viele Stürme sind über diesen Landstrich hinweggegangen, Stürme im Guten und Stürme im Bösen, hoch aufblühende Schiffahrt mit reichem Gewinn, der den Büdnereibesitz lächerlich erschienen ließ, Rückgang der Fischerei, aufgelegte Handelsflotte, die die Büdnerei zur letzten Zuflucht machten. Aber es gab keine Not und keinen Uebermut, die den letzten Bestand des Lebens vernichten konnten. Die Freiheit der Bindung bestimmt der Gemeinsinn, der Wille, sich selbst zu halten, indem man dem Nachbarn hilft, das Wissen und die Beständigkeit vom eigenen Land und Haus. Freiwillig beschreitet man weiter den Weg, den ausgereifte Lebensweisheit von langen Generationen geebnet hat.

Es bleibt bei Häusler, Büdner, Bauersmann.

Hausnachbarn
7. August 1934 Deutsche Allgemeine Zeitung
Es mag dem alten Seemann Vadding Voß sehr wunderlich, ja überhaupt nicht begreiflich vorgekommen sein, als eines Tages eine Berliner Familie mit kleinen Kindern ankam und durchaus den verfallenen Katen kaufen wollte, der fast Wand an Wand zu seinem eigenen Katen lag, und der kaum noch ein Haus zu nennen war; denn die Brennnesseln hatten schon das zusammengesunkene Rohrdach erreicht, und die einzigen Spuren menschlicher Bewohnbarkeit waren eine Schürze in der rauchgeschwärzten Küche mit dem offenen Kamin und ein Pantoffel, der vor dem Herd stand. Sie hatten der alten Frau gehört, die vor Jahren aus dem Hause herausgestorben war und ihre gesamte Hinterlassenschaft der Bank übertragen hatte, die im nahen Kirchdorf einsprang mit viel Geduld, wenn es zum letzten ging.

Ich sehe noch Vadding Voß mit seiner rotweißen Schifferfräse um das Kinn herum, wie er gebückt auf Socken, die wasserblauen Augen vertrauensvoll auf sein Gegenüber gerichtet, in der niedrigen schiefen Stube stand, die nun unsere Stube geworden war, und versuchte, den Vertrag zu begreifen, den der neue Nachbar mit ihm abschließen wollte. Schreiben war seine Sache nicht. Mit dem Ziehen des Namens hatte für ihn diese Kunst ihre Grenze erreicht. Wer als Schiffskoch gefahren war und viele Kinder zur Welt gebracht hatte, einen Katen mit Kartoffelland besaß, dazu Kuh und Schwein, und seiner alten Tage Arbeit an der Handramme des Buhnenbaus fand, der brauchte das Schreiben weiter nicht.

Miethes B 10 (links) und Voß B 11 (rechts)

Blick vom Bodden auf die B 10

Nun sollte das Gartenland ausgetauscht werden unter der neuen Nachbarschaft. Dafür ließ der neue Mann einen Brunnen graben, so dass er genau zwischen beiden Grundstücken lag, und der neue Mann wollte auch noch manches andere tun; dafür übernahm Vadding Voß die häusliche Nachbarschaft, wenn der Winter kam und der neue Nachbar wieder zur Stadt auf Arbeit ging.

Ich könnte noch viel erzählen von Vadding und Mudding Voß, die nun mit dem ganzen Gewicht nächster Menschen in unser kindliches Leben traten. Ihre eigenen Kinder waren schon lange groß, nur die jüngste Tochter, Hanning, groß, blond und rank, war noch im Haus. Aber man hörte von dem einen Sohn, der »Düker« war, und von einem anderen, der, wie der Vater einst, jetzt zur See fuhr, und von Töchtern in Nachbardörfern, die auch schon viele Kinder hatten, und die Küche, in der man saß, am Fenster zu den Feldern hinaus, die schmale Kammer der Alten, wo über dem großen Bett die Milchsatten standen, die Stube, in der unter buntgefärbten Gräsern Hunde aus Porzellan und Muscheln und Photographien standen, das wurde unsere zweite, heimatliche Welt.

Aber jetzt kommt es mir gerade in den Sinn, wie sich das Leben dieser Menschen gewandelt haben mußte durch unser Sein. Sie waren mit einem Male Hausnachbarn von Leuten geworden, die aus einer ganz fremden Welt eines Tages kamen, wenn auch der Sommer kam, und die mit dem Sommer auch wieder gingen. Dann traten Vadding und Mudding Voß mit jeglicher Vollmacht für sie ein. Sie machten hinter uns die Laden an allen Fenstern zu und schlossen die beiden Haustüren ab und nahmen die Schlüssel zu sich hinüber in ihr eigenes Haus und hatten ein neues Reich unter ihren Schutz genommen und hüteten es treulich vor jeder Witterung.

Sie saßen des langen Winters in ihrer Küche am Fenster und sprachen von uns und dachten über uns und wunderten sich wohl über vielerlei. Kamen die Frühlingstage, machten sie sorgsam die Läden wieder auf und lüfteten den Winter aus. Eines Tages trat dann Vadding allein mit Quast und Farbentopf an, stieg im Flur aus seinen Pantinen und malte zur Überraschung für die Erwarteten die Stube neu an, in Rosa mit einem blutroten Strich, und war es endlich so weit, band Mudding Voß eine saubere Schürze vor und sie standen nebeneinander vor dem Haus, ihre Nachbarn wiederum zu empfangen.

Inzwischen sind viele solche Leute, wie wir einmal, aus den Städten gekommen und haben sich mit einem kleinen Katen eine Hausnachbarschaft im Dorf erworben, und es gibt nicht mehr viele Menschen im Dorf, die nicht irgendwo auch Hausnachbarn sind und Schlüssel haben und ein Anwesen hüten, wenn die eigentlichen Besitzer in der Stadt auf Arbeit sind. Sie hüten es wie ihr eigenes Haus, und sie schauen es täglich mit wachsamen Augen an. Sie legen die Läden noch einmal fest, wenn der Sturm am Himmel steht, sie wischen den Boden auf, wenn der Regen durchgeschlagen war. Sie haben mitunter Karten mit fremden Adressen zu schreiben, wie es um Haus und Garten denn steht, ob viel Schnee auf das Dach gefallen ist, ob die neuen Obstbäume noch stehen, ob im Frühling auch reichlich Wasser in den Brunnen kommt. Wie fremd diese Welten der beiden Häuser den größeren Teil des Jahres auch sind, denn »schriewen is Hundsarbeit«, und bleibt es auch heut, es hat in den langen Jahrzehnten fast immer nur Treue um Treue zwischen ihnen gegeben, und jeder hält am meisten und hält am höchsten von seiner eigenen Hausnachbarschaft.

Und wenn ich noch etwas aus eigenem Erlebnis sagen darf: Es gibt zwischen uns nur einen einzigen schwarzen Tag im Jahr, das ist der Tag, an dem es endgültig wiederum für dieses Mal mit der Nachbarschaft zu Ende geht. Dann sind schon die Herbststürme über das Land gegangen. Doch wenn es dann wirklich Reisen heißt, dann scheint es mir immer, als dächten die Nachbarn von mir, ich möchte nun nicht mehr dort sein, wo sie weiterhin leben. Nun sei mir das Leben, das ihres ist, das ganze Jahr hindurch nicht mehr gut und schön, nicht mehr lebenswert genug.

Unsere kleine Gemeinde
16. Februar 1941 Deutsche Allgemeine Zeitung
Zunächst muß ihr Äußeres recht deutlich betrachtet werden, denn es wird anders sein, als es jeder sich vorstellt, wenn er von einem Gemeindeamt feierlich reden hört.

Da ist ein massives, einstöckiges, weiß gestrichenes Haus mit dunklem Rohrdach über den Fensterpaaren zu beiden Seiten der Tür. Zwei Bäume stehen davor, und den Vorgarten, in dem im Sommer Rosen und Dahlien, Begonien und Gladiolen blühen, grenzt eine Weißdornhecke ein. Die Haustür ist grün, auch die Läden sind grün, wie es sich für ein Haus gehört, das Seefahrer gebaut haben und Seefahrer seit Generationen bewohnen. Auch der Flur, der hinter solch einer Front liegt, muß rot gestrichene Steine haben, eine Treppe nach oben; und in einer Ecke muß ein Kleiderständer sein, dessen runde Form lackierte, abgewetzte, gedrechselte Bolzen bestimmen, an die man etagenweise Mützen und Schals, Joppen und Mäntel hängen kann.

Das alles ist überall nahezu gleich, wo Kapitänshäuser stehen, doch in diesem Flur beginnt das Gemeindeamt in Gestalt eines hölzernen Kastens mit Glas davor, hinter dem die Paare ihre gesetzlich vorgeschriebene Zeit zu hängen haben. Und an der Tür zur Linken ist ein Schild angebracht, auf dem man die Sprechstunden der Gemeinde ablesen kann.

Sind wir soweit gekommen, haben uns eifrig die Stiefelsohlen abgekratzt - denn es ist schlimm für eine Frau Bürgermeister, die selbst ihr Haus sauber hält, wie viele Spuren von Acker und Stall hineingetragen werden - und haben an diese Tür mit dem Schild angeklopft, sind wir schon mitten im Herzen unserer Gemeinde darin.

Es ist einmal ein Mann gekommen, der vordem Beamter war, und hat gefunden, in dieser Gemeinde müsste alles so eingerichtet sein, wie es sonst auf Behörden ist, mit vielen, vielen Aktenschränken, Kartotheken und Registratur, und was er sonst noch alles Feines und Fremdes meinte. Aber dieser Mann hatte nicht recht; nur dass er es wohl nicht besser verstand, und dem Himmel sei Dank, dass es an dieser Stelle noch alles so ist, wie es nur aus den Bedürfnissen eines Dorfes, seiner Menschen, seinem Leben erwuchs. Denn aus einem Dorf, das runde vierhundert Seelen zählt, wachsen die Registraturen nicht die Wände entlang, auch wenn unter diesen Seelen viele Seefahrer sind, durch die ein ewiges Kommen und Gehen bleibt. Es wachsen zwar Akten in jedem Leben, und über jedes Geschehen deckt sich unheimlich viel Papier, doch an solch einer Stelle entrollt sich vieles von Mensch zu Mensch, im gemeinsamen Wägen und Beschließen. Wie vieles geschieht an Hilfe und Segen, von dem kein Papier etwas weiß! Wie viele Menschen gehen beraten, ermahnt und getröstet davon, ohne dass gleich ein Aktenstück entsteht! Ja, man kann sagen, das Wichtigste wird von Mund zu Mund getan. Auch spricht ja einer zum andern »du«, und jeder weiß um den Nachbarn Bescheid, so dass auch der Worte nicht viele nötig sind.

So können unsere Akten im Schreibtisch des Bürgermeisters liegen und auch ein bisschen obendrauf; wenn kein Platz mehr ist, nimmt das Sofa sie auf, das an der Außenwand nach Westen steht.

Wir haben auch Schränke, in denen Papiere liegen, Scheine zum Schlachten, Mahlkarten für die Bauern, die ganze Rolle, auf festes Papier geklebt, die die alte Flurkarte birgt. Es ist auch Platz für die Korrespondenz, für Amtblatt, für Gesetzblatt und für andere Bogen, auf die mit

Bauernreihe in Niehagen

der Hand geschrieben werden kann. Auch Stühle stehen da, auf denen unsere Leute sitzen können, wenn sie müde vom Feld kommen und etwas zu fragen haben, oder fein in Schale, wie man hier sagt, weil sie auf dem Wege zur Stadt zum Einkaufen sind und etwas vorzubringen haben; auch die Fahrensleute, die eingucken und Grüße bringen und dabei vieles Wunderliche und Unvergessliche zu erzählen haben.

In diesen bescheidenen vier Wänden, die noch immer nicht nach Amt und Behörde riechen, pocht für vierhundert Menschen ein Herz. Hier strömt zusammen, was von Stadt und Reich bis in das kleinste Dorf gelangt, befehlend, verordnend, erinnernd und mahnend. Von hier geht alles ohne Verzögerung in einer gesunden Form hinaus, ob als Brief, säuberlich mit der Hand geschrieben, ohne Floskeln, in aller Kürze und Klarheit, die die Seefahrt lehrt, oder als Ruf an das Dorf, den der Gemeindebote mit seiner Klingel Haus bei Haus zu tragen hat.

Und wenn es für Menschen der Städte bescheiden klingt, dass nur vierhundert Menschen hier ihren Mittelpunkt haben, selbst wenn ein Krieg wäre, der auch vom Dorf Ungeheures verlangt, so ist doch das Herz einer so kleinen Gemeinde groß. Denn alles kehrt bei ihm ein, alles nimmt seinen Ausgang und seinen Abgang dort. Vierhundert Menschenleben wandern gleichsam durch diesen Raum von Geburt bis zum Tod. Und alles, was ihres ist, wandert mit ihnen mit, Haus, Hof, Weib, Kind, Gesinde und Vieh. Da sind die Schweine zu zählen, die Bäume zu messen, der Weidegang festzulegen, Leben ist zu bestätigen, wie auch der Tod seine Vorschrift braucht. Da sind die Steuern, die Käufe, Verkäufe und da sind die Streitigkeiten um Grenzstein, Brunnen und Weg. Und wenn das Herz gut ist und zu schlichten versteht, ist Anfang und Ende dieser Nöte dieses Gemeindeamt.

Aber wir haben nun Krieg, und der kann selbst die kleinste Gemeinde in ihren vier Wänden sprengen. Einmal im Monat kommen wir mit ihnen nicht mehr aus, wenn es die Lebensmittelkarten auszuteilen heißt. Dann müssen wir in die gute Stube ziehen, wo die schönen Möbel stehen und auf der Erde ein Teppich liegt. Dann wird der Tisch mit beiden Klappen ausgezogen, damit Platz für alle Karten geschaffen wird. Denn im Dorf ist diese Sache viel schwieriger als in der Stadt, wo jeder seinem Alter entsprechend das gleiche bekommt. Hier gibt es eine Zahl Menschen, die Selbstversorger in Fleisch und Fetten sind, andere haben nur eine Kuh, andere haben nur ein Schwein, andere haben nur Hühner und dürfen den Titel tragen, Selbstversorger in Eiern zu sein. Für jedes Haus wird nach Schlachtung, Butter und Eiern gesondert zugeteilt. Es gibt hier ein Denken und Rechnen, Zählen und Wägen, von dem die Stadt nichts weiß.

Dann reicht also selbst für vierhundert Seelen kaum ein großer Ausziehtisch aus, auf dem die Karten ausgebreitet liegen, und bei jedem Haus ergibt sich ein anderes Bild. Und wenn wir mitten bei der Feststellung sind, ob der Lehrer schon geschlachtet hat und ob auch alle seine vielen Kinder mit zu dem
Schwein gezählt worden sind oder eines draußen blieb, um weiter frisches Fleisch zu bekommen, hören
wir Schritte im Flur. Ein Matrose erscheint, er hat seinen Bagger verloren und mit ihm sein ganzes Zeug. Er muß Schuhe, Kleider, Unterzeug und Taschentücher haben, und das zu beraten, dauert geraume Zeit. Dazu kehren wir wieder in das Gemeindeamt ein, wo unter dem Schiffsbild ein Zeitbild sich entrollt.

Ja, es ist viel vermacht, wie man hier sagt, mit einem kleinen Gemeindeamt. Alles kommt dort hinein, was in Deutschland geschieht, und jeder, der ein Heimatrecht hat, soll dort auch zu Hause sein.

Biographische Angaben zu Käthe Miethe

Marie Miethe mit ihren Töchtern Inge (r) und Käthe (l) und Adolf Miethe

1893 wird Käthe am 11. März als zweites Kind von Adolf und Marie Miethe in Rathenow geboren. Dort war der Vater seit 1891 als Wissenschaftlicher Beirat in der Optischen Industrieanstalt von Schulze & Bartels beschäftigt.

1894 zieht die Familie nach Braunschweig. Der Vater hatte das Angebot von Voigtländer & Sohn zum Eintritt als Mitarbeiter angenommen.

1899 zieht die Familie nach Berlin. Dem Vater war der Lehrstuhl für Photochemie und Spektralanalyse an der TH Charlottenburg angeboten worden.

Käthe Miethe und ihre zwei Jahre ältere Schwester Inge besuchen eine Privatschule.

1901 macht die Familie erstmals Urlaub in Althagen.
Der Vater kauft die Büdnerei 10, die er als Sommerdomizil herrichten läßt. In den Jahren zuvor fuhr man zum Urlaub immer nach Norwegen, auch mit den Kindern.

1909 schließt Käthe die Höhere Mädchenschule von Clara Keller in Charlottenburg ab.

Käthe (l) und Ingeborg (r) Miethe und Zeesbootregatta

1914 legt sie die Diplomprüfung für den mittleren Dienst an wissenschaftlichen Bibliotheken ab. Im Ersten Weltkrieg arbeitet sie zunächst für das Rote Kreuz inBelgien.

1916 Sie wechselt am Jahresende nach Holland als Lektorin in die Auslandshilfsstelle des MAA in Haag.

1916 kauft Adolf Miethe für seine Tochter Käthe in Althagen die Büdnerei 54.

1917 wird ihr für die Arbeit während des Krieges das Verdienstkreuz für Kriegshilfe verliehen.

1919 wird sie Redaktionssekretärin beim Feuilleton der DAZ. Damit beginnt auch die eigene journalistische Arbeit. Später wurde sie freie Mitarbeiterin.
Während der Inflation hat sie »das Steuer umgeworfen« und wurde »Reisende in Buchungsmaschinen in Norwegen«.

1924 kehrte sie nach Deutschland zurück. Da hatte sie schon ihr erstes Buch geschrieben.
In den folgenden Jahren nahm sie die journalistische Arbeit wieder auf, schrieb Kinder- und Jugendbücher und gab Übersetzungen heraus.

1927 starb überraschend ihr Vater in Berlin. Er wurde auf dem Alten Friedhof in Potsdam im Familiengrab beigesetzt.

Die journalistischen Arbeiten Käthe Miethes erschienen in den 1920–1930er Jahren in zahlreichen Zeitungen, auch in den Mecklenburgischen Monatsheften von Peter E »bis mir 1933 die Presse verleidet war«.

1939 »[...] zog ich dann endgültig in meinen Katen auf dem Fischland«, andere Quellen sprechen von 1936.

1946 stirbt die Mutter, die während des Krieges in Althagen lebte. Ihr Grab fand sie auf dem Wustrower Friedhof.

Die intensive Beschäftigung Käthe Miethes mit dem Fischland, mit seiner Geschichte, führte nach dem Ende des Zweiten Weltkrieges zum Entstehen der Fischlandbücher, »dann kam das Fischland dran«. Diese Bücher erschienen ab 1948 mit einer Ausnahme alle im Hinstorff-Verlag.

In Althagen beteiligte sie sich an der Gründung einer Förderschule für ältere Schüler, die nach dem Kriegsende zunächst ohne Unterricht blieben. Sie war in Ahrenshoop Gründungsmitglied des Kulturbundes, veranstaltete Hausmusikabende, führte Buchlesungen durch.

In Rostock arbeitete Käthe Miethe im Hinstorff-Verlag auch als Lektorin und gab eine Reihe neuer Heimatbücher heraus.

1957 schlug die Universität Rostock vor, Käthe Miethe den Nationalpreis zu verleihen.

1961 starb Käthe Miethe am 12. März, einen Tag nach ihrem 68. Geburtstag in ihrem Haus in Althagen und wurde in Wustrow zu Grabe getragen, wo nun Mutter und Tochter in einem Grabe ruhen.

Anhang

Lieder

S. 26: Es handelt sich hier um einen sogenannten Bastlöserreim, den die größeren Kinder auf dem Lande sehr rhythmisch sprachen, bis sie die Rinde von Weidenzweigen abgeklopft hatten. Solche Reime waren nach dem Volksglauben nötig, um den Bast zu lösen. Richard Wossidlo (1859–1939, der bekannte Sammler und Erforscher mecklenburgischer Volkskultur) notierte dazu mit Bleistift auf sein Zettelchen die Erläuterung eines Befragten:
»Wenn wi dat Riemels nich bäden deden, denn geröd dat nich«
Bastlöserreime kannten die Kinder in ganz Mecklenburg. Da sie mündlich verbreitet wurden, gibt es unzählige Varianten. Zu diesem beispielsweise: Hupp huppup Basteljan oder statt Basteljan Pasterjahn. Der von Käthe Miethe verwendete Reim wurde aus Drosedow[1] mitgeteilt. Auffällig ist, dass der hier zitierte Reim nahezu wortwörtlich in Wossidlos sechsten Band der Mecklenburgischen Volksüberlieferung (Kinderreime) abgedruckt ist:
Hopp hopp hoppop häuten
Ik maak mie ne fläuten
Von Timerjan un meieran
Laat de beste fläut afgahn.
Timerjan (Thymian) und Meieran (Majoran) scheinen den Flöten bastelnden Kindern nicht als Gewürzpflanzen bekannt gewesen sein, denn deren Stengel wären als Material für eine Flöte nicht brauchbar gewesen. Die Flöten wurden als Arbeitsinstrument der Hütejungen und der Schäfer gern genutzt und je nach Zweck und Klang nannte man sie Quarrpiep, Scheperfläut oder Trumpet.

S. 76: Text: Wilhelm Gerhard (1780–1858), Kaufmann und Schriftsteller aus Leipzig, Erstveröffentlichung 1817 in Gerhards Maskenkalender, Leipzig. Später mehrfach umgedichtet, u. a. von Ernst Anschütz (1780–1861), der das Lied 1830 unter seinem Namen veröffentlichte.
Die Musik stammt von August Polenz (1790–1843.)

---

[1] Drosedow ist heute ein Ortsteil der Gemeinde Wustrow im Amt Mecklenburgische Kleinseenplatte.

Auf, Matrosen, die Anker gelichtet
Segel gespannt und Kompaß gerichtet
Liebchen ade! Scheiden tut weh
Morgen geht's in die wogende See

Noch einen Kuß noch von rosiger Lippe
und ich fürchte nicht Sturm noch Klippe
Günstig sind Wetter und Wind
und das Schifflein segelt geschwind

Ohne zu scheitern und ohne zu stranden
fliegen wir weit nach entlegenen Landen
Rum und Wein tauschen wir ein
Zucker Muskaten und Nägelein

Kehren dann heim, das Schiff befrachtet
in den Hafen, wo's Liebchen schmachtet
Braus o See! Wimpel, weh!
wenn ich mein Trautchen nur wiederseh

Spätere Fassung:
Auf, Matrosen, die Anker gelichtet
Segel gespannt, den Kompaß gerichtet!
Liebchen ade! Scheiden tut weh
Morgen geht's in die wogende See

Dort draußen auf tobenden Wellen
Schwankende Schiffe an Klippen zerschellen.
In Sturm und Schnee wird mir so weh
daß ich auf immer vom Liebchen geh

Einen Kuß noch von rosigen Lippen
und ich fürchte nicht Sturm und nicht Klippen
Brause, du See! Sturmwind, o weh!
wenn ich mein Liebchen nur wiederseh

Und find ich die Heimat nicht wieder
und reißen die Wogen mich nieder
Tief in den See; Liebchen ade!
Wenn ich dich droben nur wiederseh!

S. 77: Text: nach der Aufzeichnung Clemens Bretanos (1778–1842) für »Des Knaben Wunderhorn«, Band 3, aus dem Jahre 1808, heißt dort aber »Eio popeio«.
Melodie: Wiegenlied aus dem 17. Jahrhundert. 1893 nahm Engelbert Humperdinck (1854–1921) das Lied als »Suse, liebe Suse« in seine Oper »Hänsel und Gretel« auf.

Eia popeia, was rasselt im Stroh,
Die Gänslein gehn barfus,
Und haben keine Schuh,
Der Schuster hat's Leder,
Kein Leisten dazu,
Drum gehn die lieben Gänschen
Und hab'n keine Schuh'.

Eia popeia, schlags Kikelchen tot,
Legt mir keine Eier,
Und frißt mir mein Brot,
Rupfen wir ihm dann
Die Federchen aus,
Machen dem Kindlein
Ein Bettlein daraus.

Eia popeia, das ist eine Not,
Wer schenkt mir ein Heller,
Zu Zucker und Brot?
Verkauf ich mein Bettlein,
Und leg mich aufs Stroh,
Sticht mich keine Feder,
Und beißt mich kein Floh.

S. 117: Das Lied stammt ursprünglich aus Holstein, ist seit 1740 in mehreren Text- und Melodievarianten verbreitet. Es wird vorwiegend am 11. November bei den Martinszügen gesungen.

Ich geh mit meiner Laterne und meine Laterne mit mir.
Dort oben Leuchten die Sterne und unten leuchten wir.
Mein Licht ist schön, könnt ihr es sehn?
Rabimmel, rabammel, rabumm.

Ich geh mit meiner Laterne und meine Laterne mit mir.
Dort oben Leuchten die Sterne und unten leuchten wir.
Ich trag mein Licht, ich fürcht mich nicht.
Rabimmel, rabammel, rabumm.

Ich geh mit meiner Laterne und meine Laterne mit mir.
Dort oben Leuchten die Sterne und unten leuchten wir.
Der Martinsmann, der zieht voran.
Rabimmel, rabammel, rabumm.

Ich geh mit meiner Laterne und meine Laterne mit mir.
Dort oben Leuchten die Sterne und unten leuchten wir.
Laternenlicht, verlösch mir nicht.
Rabimmel, rabammel, rabumm.

Ich geh mit meiner Laterne und meine Laterne mit mir.
Dort oben Leuchten die Sterne und unten leuchten wir.
Wie schön das klingt, wenn jeder singt!
Rabimmel, rabammel, rabumm.

Ich geh mit meiner Laterne und meine Laterne mit mir.
Dort oben Leuchten die Sterne und unten leuchten wir.
Mein Licht ist aus, ich geh nach Haus.
Rabimmel, rabammel, rabumm.

Andere Texte:
Der Hahn der kräht, die Katz miaut.
Rabimmel, rabammel, rabumm.

Ein Lichtermeer zu Martins Ehr.
Rabimmel, rabammel, rabumm.

Laternenlicht, verlösch mir nicht.
Rabimmel, rabammel, rabumm.

Ein Kuchenduft, liegt in der Luft.
Rabimmel, rabammel, rabumm.

Der Martinsmann, der zieht voran.
Rabimmel, rabammel, rabumm.

Wie schön es klingt, wenn jeder singt.
Rabimmel, rabammel, rabumm.

Beschenkt uns heut, ihr lieben Leut.
Rabimmel, rabammel, rabumm.

Mein Licht ist aus, ich geh nach Haus!
Rabimmel, rabammel, rabumm.

Oder.
Laterne, Laterne,
Sonne, Mond und Sterne.
Brenne auf mein Licht,
Brenne auf mein Licht,
aber nur meine liebe Laterne nicht.

Laterne, Laterne,
Sonne, Mond und Sterne.
Sperrt ihn ein, den Wind,
Sperrt ihn ein, den Wind,
er soll warten, bis wir alle zu Hause sind.

Laterne, Laterne,
Sonne, Mond und Sterne.
Bleibe hell, mein Licht,
Bleibe hell, mein Licht,
denn sonst strahlt meine liebe Laterne nicht!

S.118: Bei Wossidlo findet sich – ebenso wie der Text auf S. 26 – im Kapitel Laternenlieder dazu ein fast wortgleicher Text, der ihm aus Vietlübbe[2] mitgeteilt worden war:
Ein, zwei, drei, meine Schuhe sind inzwei,
meine Strümpfe sind noch heil
drum danz' ik noch ne weil'
för fief penning bottermelk
för tein penning klümp
un wenn de Klümpsupp oewerkaakt
denn danz ik up de strümp.
Der zweite plattdeutsche Text des Liedes mit dem Motiv der übergekochten Suppe erinnert an Laternenlieder.
Der erste Teil allerdings weist auf einen weiteren Gebrauch hin: Zu diesem Text, zu dieser Melodie konnte man gut tanzen und dabei singen bzw. den gesamten Text auch als Tanzspiel nutzen. Zunächst gehörte dieses Tanzlied zu den sogenannten »Bunten Tänzen«, dabei kniete der Tänzer vor einer unverheirateten Tänzerin, hielt in der Hand den Fuß derselben, dann wurden die ersten vier Zeilen gesungen. Es folgte ein schneller Galopp über den Saal, wobei gesungen wurde:
Wer weet, wie dat noch kamen kann
Wer weet, wi dat noch kömmt,
Wer weet, wer mi noch nehmen deit,
wer weet, wer mi noch nimmt.
Also auch als Werbetanz genutzt.

Als es die geschlossenen Bauerndörfer nicht mehr gab, blieb das Lied als Kinderspiellied erhalten. Käthe Miethes Wahl dieses Liedes zeigt, wie vielseitig der Gebrauch der zur Verfügung stehenden Lieder und Melodien war. Diese Technik, die verschiedensten Liedteile zu neuem Gebrauch zusammen zu fügen, war absolut üblich, so entstanden sogenannte Kettenreime.

---

[2] Vietlübbe ist heute ein Ortsteil der Gemeinde Dragun im Amt Gadebusch in Nordwestmecklenburg; ein anderes Vietlübbe ist Ortsteil der Gemeinde Gehlsbach im Amt Eldenburg Lübz im Landkreis Ludwigslust-Parchim.

Die Kinder- und Jugendbücher Käthe Miethes

- Die Smaragde des Pharao. Eine Abenteuerfahrt vom Nil zum Roten Meer. Reimer, Berlin 1923
- In das Eismeer verschlagen. Die Abenteuer von drei schiffbrüchigen Kameraden. Reimer, Berlin 1925
- So ist Lieselotte. Die Geschichte einer Primanerin. Schaffstein, Köln 1931
- Gerda führt den Haushalt. Eine Erzählung für junge Menschen. Weichert, Berlin 1935
- Ein Stadtmädel wird Bäuerin. Ein Jungmädchenroman. Weichert, Berlin 1935
- Hanning sucht ihren Weg. Ein Jungmädchenroman. Weichert, Berlin 1936
- Flucht und Heimkehr. Ein Jungmädchenroman. Weichert, Berlin 1936
- Thildes Ferienkinder. Eine Erzählung. Weichert, Berlin 1937
- Das Soldatenkind. Ein Jungmädchenroman. Weichert, Berlin 1937
- Schifferkinder. Eine Erzählung. Weichert, Berlin 1937
- Was wird aus unserem Mädel. Ein Jungmädchenroman. Weichert, Berlin 1937
- Friedel im Pflichtjahr. Schaffstein, Köln 1940 (ab 1949 unter dem Titel »Friedel«)
- Friedel und Claas. Eine Jugenderzählung. Schaffstein, Köln 1941
- Lenings Entscheidung. Schaffstein, Köln 1942

Käthe Miethe mit Kindern im Garten ihrer Büdnerei

- ≡ Das ferne Ziel. Eine Erzählung für Mädchen. Schaffstein, Köln 1943
- ≡ Die Kinder vom Lindenhof. Eine Erzählung. Schaffstein, Köln 1944
- ≡ Kamerad in der Not. Nach einer wahren Begebenheit erzählt. Schaffstein, Köln 1947
- ≡ Zur rechten Stunde. Eine Erzählung für Mädchen. Schaffstein, Köln 1948
- ≡ Unser neues Leben. Eine Jugenderzählung. Schaffstein, Köln 1949
- ≡ Zu den »Glücklichen Inseln«. Thomas Helms, Schwerin 2017

Literatur

Käthe Miethe: Die Welt im Dorf ist groß – verstreute Texte, hg. von Cornelia Crohn (MV Taschenbuch). BS-Verlag, Rostock 2006

Damals in Althagen – Der Geheimrat Adolf Miethe mit seiner Familie in der Sommerfrische 1901 bis 1927 – Briefwechsel und gesammelte Texte, hg. von Helmut Seibt. Scheunen-Verlag Kückenshagen 2007

Renate Drefahl: »Jeder Schritt, den wir gehen, führt über eine unsichtbare Schwelle.« Das Fischland in den Romanen, Erzählungen und Aufsätzen Käthe Miethes; in: Literatur aus dem Ostseeraum und der Lüneburger Heide, hg. im Auftrag der Fritz-Reuter-Gesellschaft von Christian Brunners, Ulf Bichel und Jürgen Grote. Hinstorff-Verlag Rostock 2010

Adolf Miethe (1862–1927) – Lebenserinnerungen; hg. von Helmut Seibt (Reihe Acta Historica Astronomiae; 46) Wissenschaftlicher Verlag Harri Deutsch GmbH [Jetzt: Akademische Verlagsanstalt Leipzig] Frankfurt/Main, ^{1}2012

Aus Käthe Miethes Feder. Seit 07/2014 von Helmut Seibt herausgegebene monatliche Reihe bei www.seniorenbeirat-wustrow.de mit Fundstücken aus dem Feuilleton deutscher Zeitungen, insbesondere: Fundstück 9: Erwartung des Sommers, Neue Frauenzeitung, 22. Mai 1921 / Fundstück 11: Das Strohdach brennt! Deutsche Allgemeine Zeitung (DAZ), 15. Juni 1930 / Fundstück 12: Häusler, Büdner, Bauersmann, DAZ, 16. September 1932 / Fundstück 17: Eigenes Haus, DAZ, 10. Juli 1927 / Fundstück 19: Bootsphantasien, Schlesische Zeitung, 17. Mai 1931 / Fundstück 20: Der erste Tag, Neue Frauenzeitung, 01. Mai 1920 / Fundstück 40: Um einen hölzernen Kranz, DAZ, 10. August 1932 / Fundstück 43: Unsere kleine Gemeinde, DAZ, 16. Februar 1941 / Fundstück 44: Hausnachbarn, DAZ, 07. August 1934

Unser Haus in Althagen – Adolf Miethe mit seiner Familie in der Sommerfrische 1901 bis 1927. Briefe, Texte und Fotografien, hg. von Helmut Seibt, edition. fischerhuder kunstbuch c/o Verlag Atelier im Bauernhaus. Fischerhude 2015, 2. erweiterte Auflage von »Damals in Althagen«

Käthe Miethe: Die Dinge kommen. Ansichten vom Fischland und der Welt; hg. von Cornelia Crohn; edition KÄTHE ART fischland 2017

Bildquellen

Postkartensammlungen und private Fotoarchive von Charlotte und Dr. Peter Dillwitz, Althagen und von Hans Götze, Niehagen; Deutsches Bernsteinmuseum Ribnitz-Damgarten: Stadtgeschichtliche Sammlung, Akte Miethe

Nachwort des Herausgebers

Die Herausgabe dieses Buches war eine etwas verschlungene Geschichte. »Zu den ›Glücklichen Inseln‹« war 2017 erschienen, 56 Jahre nach dem Tod seiner Autorin. Es schien das letzte aus der Reihe der Jungmädchenbücher Käthe Miethes zu sein, aus irgendeinem Grunde damals übriggeblieben.

Dann ereignete sich folgendes: Als ich hier in Wustrow Johanna Wihan als Rechteinhaberin einige Exemplare des frisch gedruckten Buches überreichte, um die sie gebeten hatte, ging sie mal schnell in ihr Wohnzimmer und kam mit einem Schnellhefter und der Bemerkung zurück »Hier ist noch etwas. Vielleicht interessiert es Sie.«

Da hatte ich wieder ein Manuskript in der Hand, einen maschinenschriftlichen Durchschlag wie ich ihn von den Glücklichen Inseln schon aus dem Hinstorff-Archiv im Rostocker Stadtarchiv kannte. Wieder war er in einem damals üblichen Schnellhefter geheftet, wieder mit dem schon bekannten handschriftlichen Deckblatt. Er war auch wieder mit Korrekturen versehen, wie schon zum Druck vorbereitet. Wieder fand ich kein Buch, das unter diesem Titel erschienen war.

Noch ein Glücksfall? Ja. Ich fing mit der Digitalisierung des Textes an, fand aus mehreren Richtungen Zuspruch und Unterstützung. Mit der noch wahrscheinlicher gewordenen Annahme, dass es sich diesmal nun doch um das letzte der Jungmädchenbücher handeln könnte, stellte ich als Anhang eine Übersicht zu dieser Schaffensperiode Käthe Miethes zusammen. Einige dieser Bücher hatte ich gelesen, fast alle für die Ahrenshooper Gemeindebibliothek, die seit 2007 Käthe Miethes Namen trägt, in Antiquariaten gekauft. Die bibliographischen Angaben zu den einzelnen Büchern füllten über die Jahre zunehmend eine Liste in meinem Computer. Wenn ich Klappentexte fand, archivierte ich auch diese; auch, dass nach 1945 zwei der Bücher in der Sowjetischen Besatzungszone auf den Index kamen.

Beim Zusammenstellen des Anhangs für die vorliegende Ausgabe atomisierte sich der vermeintliche neue Glücksfall dann aber von einer Sekunde zur anderen: Das Manuskript war bereits 1948, also noch zu Lebzeiten von Käthe Miethe, als Buch mit dem Titel »Zur rechten Stunde« bei Schaffstein in Köln erschienen. Möglich, dass der ursprünglich gewählte Titel mit seinem religiösen Bezug nicht in die damalige Zeit passte. Man wird es wohl nie erfahren. Das Copyright stammt von

1944. Bis 1952 erschienen drei Auflagen. Den Schaffstein-Verlag gibt es nicht mehr. Heutige Nachforschungen dürften kaum Ergebnisse zeitigen.

»Die Herrgottsuhr«, das im Nachlass bei Frau Wihan aufbewahrte Manuskript, ist also schon erschienen, wenn auch unter einem anderen Titel. Nach reiflicher Überlegung setzte ich das begonnene Projekt trotzdem fort. Dazu bewogen mich vor allem folgende Gründe:

Die Kinder- und Jugendbücher Käthe Miethes sind seit Jahrzehnten nicht mehr verlegt worden. In der einen oder anderen Hausbibliothek hier auf dem Fischland mögen sie sich noch vereinzelt finden. Die allermeisten Bibliotheken werden sie auch nicht mehr in ihren Beständen haben. Eine Ausnahme dürfte dabei die Käthe-Miethe-Bibliothek in Althagen sein, für die über Jahre aus Beständen von Antiquariaten die meisten Titel erworben werden konnten.

Mit »Zu den ›Glücklichen Inseln‹« und der »Herrgottsuhr« wären uns Heutigen zwei Werke Käthe Miethe wieder zugänglich, die zwei verschiedene Themen behandeln, die auf dem Fischland der ersten Hälfte des vergangenen Jahrhunderts für unserer Altvorderen wesentliche Lebensinhalte darstellten: Die Seefahrt und das Dorfleben.

In beiden Büchern geschieht dieser Blick auf die damaligen Verhältnisse mit den Augen von Kindern und Jugendlichen. Wie auch in ihren späteren Büchern, allen voran dem Fischlandbuch, führt uns Käthe Miethe in einfacher, klarer, nahezu poetischer Sprache in diese heute schon so ferne Welt.

Das Manuskript der Herrgottsuhr ist offenbar bis 1944 entstanden. Da kannte Käthe Miethe das Fischland seit über vier Jahrzehnten. Aus dieser Zeit stammen immer wieder kleinere journalistische Arbeiten für das Feuilleton deutscher Zeitungen, in denen sie zahlreiche Aspekte des hiesigen, damaligen Lebens schildert. Manches davon gestaltet sie nun als Schriftstellerin, was sie vormals als Journalistin schon beschrieben hat. Am deutlichsten wird das am Beispiel des großen Feuers in der Fulge, einem Ortsteil von Althagen, worüber sie 1930 wenige Tage nach diesem tragischen Ereignis in der DAZ in »Das Strohdach brennt!« geschrieben hatte, und das sie nun in der Herrgottsuhr aufgreift: Bei allen Protagonisten wird bei deren uneigennützigem, schnellen und tatkräftigem Helfen ein Gemeinschaftssinn, ein Gefühl des Zusammengehörens deutlich, wie es Käthe Miethe an vielen anderen Stellen immer wieder beschrieben hat, einer Eigenart, die sie als Zugereiste hier immer wieder erlebte und die sie sich aus dem Verhältnis von Häuslern, Büdnern und Bauern als eine Besonderheit dieses Landstrichs erklärte.

Eine Auswahl dieser journalistischen Arbeiten Käthe Miethes habe ich in den Anhang aufgenommen. Bei den Glücklichen Inseln konnten wir diese Arbeitsweise ebenfalls antreffen: Aus ursprünglich kleinen journalistischen Arbeiten für den Tag entstand später ein Buch.

Bei den Glücklichen Inseln hatte die Autorin im Text Stellen markiert, zu denen sie offensichtlich Fußnoten verfassen wollte. Das hat sie entweder nicht mehr ausgeführt oder sie sind nicht auf uns gekommen. Diese Vorgehensweise scheint mir für manche Begriffe, die dem heutigen Leser eher nicht mehr geläufig sind, auch bei der Herrgottsuhr sinnvoll zu sein. Dieser Arbeit haben sich Charlotte und Dr. Peter Dillwitz mit großer Fach- und Sachkenntnis unterzogen, wofür ich ihnen sehr dankbar bin. Sie und auch Hans Götze stellten die alten Fotos zur Verfügung, die den Text dieses Buches in einen angemessenen visuellen historischen Rahmen stellen. Dafür und für die entsprechenden Bildunterschriften sei ihnen ebenfalls gedankt. Zudem konnte ich Fotos aus dem Teil des Nachlasses der Familie Miethe nutzen, der im Deutschen Bernsteinmuseum in Ribnitz aufbewahrt wird, die hier erstmals publiziert werden. Für diese Möglichkeit bedanke ich mich bei Axel Attula, dem Leiter des Museums. Weiteren Dank schulde ich Dr. Heike Müns, die zu einigen der Kinderlieder manche Anmerkungen aus dem Wossidlo-Archiv beisteuerte.

Im Manuskript der Herrgottsuhr waren die dreiundzwanzig Teile durch Striche voneinander getrennt. Ich habe daraus Kapitel gemacht und ihnen Überschriften gegeben.

Die Zusammenstellung der handelnden Personen stammt auch von mir.

Wie schon bei den Glücklichen Inseln habe ich kurze biographischen Angaben zur Autorin angefügt.

Eigentlich müsste ich am Schluss etwas in großen Lettern schreiben: Die Förderung aus Mitteln des Vorpommernfonds hat die Herausgabe dieses Buches wesentlich erleichtert. Für diese Unterstützung möchte ich mich bei Herrn Staatssekretär Patrick Dahlemann sehr herzlich bedanken.

Der Herausgeber
Helmut Seibt, Jahrgang 1940, geboren in Reichenberg/Sudeten, nach dem Krieg Schulbesuch bis zum Abitur in Wittenberge/Prignitz, Studium an der Humboldt-Universität zu Berlin, Staatsexamen als Werk- und Mathematiklehrer, danach Arbeit als Lehrer in Eggesin/Vorpommern, Kaltenkirchen/Holstein und Berlin und als Mathematikdidaktiker an der Berliner Universität, dort 1977 Promotion. Seit der Heirat 1964 mit Gisela Drews, einer Althägerin, war er immer wieder als »Isenbohner« auf dem Fischland, ebenso wie die Kinder Thilo, Nora und Tobias. 2005 entschließen sie sich zum Hauskauf und ziehen nach Wustrow.

Seit Jahrzehnten beschäftigt er sich mit der Geschichte der Familie Miethe. Er ist 2011 Initiator der alljährlichen Althäger Käthe-Miethe-Tage, im Juli 2014 der seitdem monatlich erscheinenden Reihe »Aus Käthe Miethes Feder« und hat im Oktober 2015 zusammen mit seiner Frau den ebenfalls monatlichen Althäger Käthe-Miethe-Stammtisch gegründet.

Nach dem Fund des Manuskripts der Lebenserinnerungen von Adolf Miethe, von deren Existenz die Fachwelt wenigstens Kenntnis hatte und die inzwischen erschienen sind, war Zu den »Glücklichen Inseln« ein Manuskript, von dem niemand mehr etwas wusste. Es ist inzwischen ebenfalls erschienen. Mit der Herrgottsuhr hat es eine etwas andere Bewandtnis, die im Nachwort beschrieben ist.

Bibliografische Informationen der Deutschen Nationalbibliothek
Die Deutsche Nationalbibliothek verzeichnet diese Publikation
in der Deutschen Nationalbibliografie; detaillierte bibliografische Daten
sind im Internet über http://dnb.dnb.de abrufbar.

Der Text »Die Herrgottsuhr« erschien erstmals 1948 bei Hermann Schaffstein, Köln, unter dem Titel »Zur rechten Stunde«. Schreibweisen und Rechtschreibung des Manuskripts wurden beibehalten.

© 2019 THOMAS HELMS VERLAG
Wallstraße 46, D-19053 Schwerin
0385-564272 | www.thv.de | thv@thv.de

Gestaltung: Thomas Helms, Schwerin
Druck und Bindung: toptryk.dk, Gråsten/Gravenstein

ISBN 978-3-944033-52-5